괴산으로 귀농했습니다

괴산으로 귀농했습니다

괴산으로 귀농했습니다

초판 1쇄 인쇄 2014년 8월 1일 **초판 1쇄 발행** 2014년 8월 12일

지은이 이후, 이은정
펴낸이 연준혁

출판 1분사 분사장 최혜진
1부서 편집장 가정실
제작 이재승

펴낸곳 (주)위즈덤하우스 **출판등록** 2000년 5월 23일 제13-1071호
주소 (410-380) 경기도 고양시 일산동구 정발산로 43-20 센트럴프라자 6층
전화 031) 936-4000 **팩스** 031) 903-3891 **홈페이지** www.wisdomhouse.co.kr

종이 월드페이퍼 **인쇄·제본** (주)현문 **표지가공** 이지앤비

값 14,000원
ISBN 978-89-6086-705-5 13320

* 잘못된 책은 바꿔드립니다.
* 이 책의 전부 또는 일부 내용을 재사용하려면
  사전에 저작권자와 (주)위즈덤하우스의 동의를 받아야 합니다.

국립중앙도서관 출판시도서목록(CIP)

괴산으로 귀농했습니다 / 지은이: 이후, 이은정.   -- 고양 : 위즈덤하우스, 2014   p. ; cm   ISBN 978-89-6086-705-5 13320 : ₩14000   농촌 생활[農村生活]   귀농[歸農]   520.4-KDC5   630.2-DDC21　　　　　CIP2014022289

괴산으로 귀농했습니다

인생의 방향을 행복 쪽으로 선택한 사람들이 사는 곳

이후 · 이은정 글

위즈덤하우스

시골에 사는 사람들의 맨얼굴

언제부터인가 제 꿈은 농부입니다. 10평 주말 농장을 시작으로 조금씩 늘려가며 농사를 짓고 1년은 괴산에 집을 빌려 주 5일은 도시에서 2일은 시골에서 지내기도 했습니다.

시골은 평화였고 도전이었고 배움과 성찰이었습니다. 그리고 소박한 행복이 있는 꿈입니다.

귀농에 뜻을 두고 괴산을 다니니 주변에 계신 분들과 귀농에 대한 이야기를 나눌 기회가 점차 많아졌습니다. 또 관련 서적을 찾는 일도, 먼저 귀농하신 선배 분들을 뵙는 일도 많아졌습니다. 그러다 귀농을 생각하고 계신 분들이 가장 궁금해하는 것은 무엇일까 하는 생각에 도달했습니다. 경험하지 않고서는 알 수 없는 이야기들, 아직 진행 중인 삶의 맨얼굴이 필요하다 생각했습니다. 삶의 모습은 백인백색 총천연색이니 도시인들이 궁금해하는 질문을 똑같이 드리고 사람에 따라 처한 상황과 환경에 따라 말씀해주신 이야기들의 행간을 읽다 보면 귀농/귀촌을 꿈꾸는 이들에게 도움이 될 것이라 여겼습니다.

저보다 먼저 귀농한 친구와 함께, 귀농 선배님들 열한 분을 나누어 인터뷰했습니다. 농촌 삶의 모습은 다르기도 하고 같기도 합니다. 주 종목이 다른 분들을 찾았습니다. 목수, 농부, 가수, 먹거리 유통 하시는 분, 장 담그시는 분, 남자 홀로 오신 분, 여자 홀로 오신 분, 대안학교 선생님까지. 다양한 분들의 다양한 모습을 보여드리고자 했습니다.

책을 쓰겠다고 인터뷰하며 독자보다 먼저 참 많이 배웠습니다. 자신이 원하는 삶을 살기 위해 버려야 하는 것이 무엇인지 그로 인해 얻는 것은 무엇인지입니다. 삶에 정답은 없습니다. 이 책을 보시는 분마다 읽어내는 행간이 다르겠지요. 어떠한 것을 읽든 경험하든 꿈을 꾸든 귀농 도화지에 그림 그릴 때 도움이 되면 좋겠습니다. 성공과 실패라는 단어로 귀농 과정을 규정하고 싶지 않았습니다. 그저 행복을 만들어가는 여정으로, 과정을 보여주고 싶었습니다.

시골을 꿈꾸는 모든 분들, 지금 결행을 하고 계신 분들의 입가에 잠시 웃음 지을 수 있는 책이라면 한없이 감사한 마음 보냅니다.

2014년 여름
이은정

이들을 조금 일찍 만났더라면

'과연 이게 내가 원한 삶일까?'

어느 날, 마루에 앉아 한숨을 쉬었습니다. 마당이 있는 아기자기한 시골집에 살고 있고, 집 앞에는 옥수수를 마음껏 길러 먹을 수 있는 텃밭이 있고, 세 살배기 아들은 마당을 뛰어다니며 건강하게 자라고 있는데 대체 무엇이 문제였을까요.

2010년 이른 봄, 무작정 시골에 내려와 살다가 여름이 시작될 때 남편을 만났고, 이듬해 결혼을 했습니다. 친구들도 많이 놀러왔고 도무지 외로울 틈 없는 시간들을 보냈지요. 그런데 아이의 돌잔치를 치르고 난 다음부터, 시름시름 시들어가고 있는 제 마음을 외면할 수가 없었습니다. 시골에 내려온 지 3년 차. 남들은 결혼하고 아이도 낳고 마을에 정착을 했으니 나름 성공한 귀농이라고 했습니다. 또 누군가는 매너리즘이 올 때도 되었다고 했지요. 육아에 너무 지쳤던 걸까요. 아니면 시골 생활이 너무 지루하고 불편했던 걸까요. 하루하루를 버티는 심정으로 지낸 시간들이었습니다. 다시 도시로 올라갈까 하는 생각도 진지하게 했고요. 기분 전환 겸 가족여행을 떠나기도 했지요. 새로운 풍경도 보고, 타 지역 사람들 이야기도 듣고 싶었습니다. 하지만 뾰족한 결론을 얻지는 못했어요. 많이 지쳤던 건 사실이지만, 그토록 원하던 시골 생활을 이대로 끝내기는 아깝다는 생각이 들었을 뿐. 그냥 조금 더 살아보기로 했습니다.

마음을 다잡고 살 즈음, 귀농/귀촌을 주제로 한 책을 만들자는 제안을 받았습니다. 당연히 선뜻 하겠다고 나설 수가 없었죠. 하루하루 재미없게 살고 있는 제가, 매일 갈등하며 살고 있는 입장에서 무슨 이야기를 들려줄 수 있을까 싶어 자신이 없었습니다. 하지만 귀농/귀촌을 꿈꾸는 사람들뿐 아니라, 이미 내려와 살면서 저처럼 힘들어하는 사람들에게 도움이 될 수 있는 이야기라면 어떨까 하는 생각이 들었지요. 그런 마음으로 신중하게 인터뷰이를 선정하고, 인터뷰를 시작했습니다.

모두에게 같은 질문을 했지만 돌아오는 이야기들은 모두 달랐습니다. 지극히 사적인 경험들 속에, 너무나 다양한 삶의 형태가 들어 있었습니다. 농사만 짓는 사람, 집을 짓는 사람, 도시에서 하던 일을 그대로 하고 있는 사람, 처음부터 집을 잘 얻은 사람, 집 때문에 지독하게 고생한 사람…… 동기부터 과정까지 모두 다르지만,

시골에서 자연과 가까이 사는 것이 좋아 나머지는 기꺼이 포기한 사람들이었습니다. 남들 보기엔 불편하고 허름해 보일지언정 포기한 것보다 얻은 것이 더 많다고 말하는 사람들, 늘 오가며 만나던 이웃들인데, 새삼 꺼내놓은 속 깊은 이야기를 들으며 정말 큰 위로를 받았지요. 이런 이웃들이 제 곁에 있다는 것이 너무 감사한 시간들이었습니다. 그 이야기들이 가진 따뜻한 힘을, 이제 여러분들이 만날 차례입니다.

2014년 여름
이후

※ 인터뷰 내용을 가감 없이 전해드리고 싶어 질문은 최대한 짧게 실었고, 이야기들은 최소한으로 다듬었습니다. 참고로 이 인터뷰는 2012년과 2013년에 걸쳐 진행했습니다. 그사이 인터뷰이들에게 이런저런 변화가 생겼고 저 역시 이사를 하게 되었지요. 이 인터뷰 덕분에, 또한 그간의 시행착오 덕분에, 지금은 전북 무주에 정착하여 시골살이 5년 차를 맞이했습니다. 괴산에서 저희 가족과 함께 해주신 이웃 분들께 고개 숙여 감사드립니다.

이후가
만난 사람들

01

하모니카 부는 농부 **김병근, 조명재 부부**

장연면 송덕리

이 책을 만들기로 하고 맨 처음 떠오른 사람이 바로 이분입니다. 김병근 님은 제가 빌려 사는 집의 주인이자, 마을의 전 이장님입니다. 시골에서 살아보고 싶다고 말하는 사람이 있으면 언제든 발 벗고 나서서 도와주시는 분이지요. 왜 이렇게 살펴주시냐고 물어보면 '귀농 선배니까'라고 호탕하게 답하시던 얼굴이 떠오르네요. 한결같이 일찍 일어나 농사일을 시작하는 성실함, 일과가 끝난 후엔 막걸리 한 잔에 노래 한 자락, 하모니카 한 곡조 뽑아내는 풍류를 가진 멋진 선배님입니다.

천릿길도 한 걸음부터,
속담대로 사는 즐거움이 있다

귀농/귀촌 전 어떤 삶을 살았고 왜 다른 형태의 삶(대안적 삶)을 꿈꾸었는지요.

김병근 한 십여 년, 산에서 공부를 한다고 있다가(김병근 씨는 해인사 승려 출신이다) 40대 초반에 내려와 3년 정도 중소기업에 다녔어요. 그러다 IMF가 왔는데, 이 나이에 앞으로 무얼 할 것인가 이런 생각을 하게 됐지요. 그 나이에 특별한 직업을 찾는다는 것도 그렇고, 늦게 결혼해서 아이가 어렸는데 식구가 아이를 자연 속에서 키우고 싶어 했어요. 저 역시 산에서 생활했던 사람이라 많이 고민하지는 않았지요. 다만 IMF 이후 1년 정도 별다른 직업 없이 방황이라면 방황이랄 수 있는 시간을 보내다가 모 일간지에 나온 귀농에 대한 시리즈를 스크랩하면서 준비를 하게 됐어요.

40대 중반에 귀농을 결정하고 가족들과 의논한 결과 괴산 쪽이 어떨까 싶었어요. 당시 청주에 살 때인데 초등학교 교사인 아내가 장연면의 광진초등학교에 발령이 났어요. 아무런 연고도 없는 곳인데 일단 근처에 방을 얻어놓고 식구들 살 곳을 찾다가 여기 송덕리에 오게 되었죠. 농사 기반이 없으니까 품을 팔면서 남의 농사를 도우는 식으로 일을 시작했어요. 땅도 없고 아무런 지식도 없으니까 배워야 했지요. 그러면서 조금씩 땅을 마련했어요. 처음엔 산소 다섯 장 깎아주고 비탈에 있는, 아무 거름기 없는 묵밭을 빌렸어요. 열흘에 걸쳐 퇴비 몇 포씩 지고 올라가서 밭을 만들고……. 그렇게 농사를 시작했죠.

지금 하고 있는 일, 농사 규모는 어떤가요?

김병근 괴산 지역이 고추를 위주로 하니까 저도 처음엔 고추를 좀 했어요. 2~3년 짓다가 여러 가지 이유로 고추밭을 복숭아밭으로 바꿨지요. 사과밭을 사서 하다가 폐원한 적도 있고. 지금은 좀 줄었는데 영농으로 600~700평에 복숭아 100주, 벼 1,000평, 자급자족하는 텃밭으로 200평가량 해요. 과수할 때 전지나 퇴비도 전부 제가 하고 봉지 씌우는 것은 아줌마들 품을 쓰고 있어요. 많이 쓰는 편은 아니죠. 처음부터 준비를 많이 했고, 일단 관행농법으로 이쪽 지역에서 소득을 올리는 것을 배우며 했기 때문에 시행착오는 적었죠. 다만 고추는 병이 많아 작황이 나빴던 적은 있고요.

🌱 김병근 씨네 요즘 농사 수입

고정적으로 몇 년간 통계를 내는 건 어렵습니다. 쌀은 가격이 어느 정도 정해져 있지만 과수는 변동이 커서 평균적인 수입을 내기 애매한 부분이 있어요.

복숭아는 작년(2011년)에 85주를 수확하여 판매했는데 자재비, 인건비, 퇴비값 등을 빼면 실소득이 600만 원 정도예요. 그나마 작년은 다른 해보다 소득이 좀 나은 편이었어요.

벼는 50평에 쌀이 한 가마니 나오니까 1,000평이면 스무 가마인데, 한 가마에 16만 원씩 계산하여 320만 원입니다. 거기서 보통 트랙터나 콤바인 사용비, 농약값 등 30% 정도 빼야죠. 토질, 기후에 따라 해마다 변화는 있지만 텃밭에서 기른 옥수수, 콩 등을 다 팔아도 총 1,000만 원 되기 바쁜 정도예요.

과수가 논이나 밭농사보다 어렵다던데요?

김병근 그렇죠. 그런데 혼자 하다 보니 면적이 크지 않아요. 다른 농가들에 비할 바는 아니지만 전지하고 거름 넣고 하는 작업들이 계속 되니 사람 손이 많이 필요하긴 하죠. 그런 면에서 벼농사는 몇 단계만 해주면 되지만, 과수는 병충해 방제나 전지 등 일이 많은데 사람에 따라 차이가 많이 나요. 농업은 변수가 정말 많아요. 흔히 하는 말로 '촌에 내려가 농사나 지을까' 그러는데 실제로 해보면 굉장히 어려운 일로 손꼽을 수 있는 게 농사라고 생각해요.

영농일지도 쓰는 사람따라 다 다른데, 저는 생활에서 생기는 사소한 부분까지 다 기록합니다. 오직 영농 관련하여 농사일을 언제 어떤 일을 했다는 내용을 10년, 20년 지나도 달력이나 노트에 꼼꼼히 적는 사람들도 많아요. 왜냐하면 기후가 계속 변하니까 정확하게 날짜를 맞추기가 어렵거든요. 저는 생활일기 겸 메모 겸 영농에서의 포인트 같은 것을 전부 적어요. 시비량 같은 것도 시기가 애매하면 바로 작년 것을 참조하는데, 그래도 애매하면 2~3년 전 것을 찾아봐요. 이런 것이 초창기 농사할 때 많은 도움이 되었죠. 처음엔 주위에 물어가면서 하지만 영농일지를 2~3년 꾸준히 쓰면 자기 데이터가 쌓여요. 일 년에 한 권씩 다이어리 식으로 쓰고 있는 것이 열대여섯 권 되는 것 같네요. 항상 1, 2년 전 것은 책상 옆에 두고 참조를 하죠.

벼농사가 쉽다고 하지만 예민한 데가 있어서 기록이 큰 도움이 됩니다. 벼 역시 거름량과 시기가 정말 중요한데 거름을 많이 주면 도복이라고 해서 벼가 쓰러지고 적게 주면 수확이 적어요. 쓰러지지도 않고 수확도 적지 않을 적절한 수준의 토양을 관리하기 위해서는 그 땅의 성질도 알아야 되고, 퇴비의 양은 몇 평에 얼마나 했는지 적어두면 작은 농사라도 분명히 적용되죠.

넓은 면적을 짓는 경우라면 경제적으로 많은 차이가 날 수도 있어요. 예를 들면 300평과 3,000평에서의 차이는 크죠. 영농은 과학이라고 말하는 것처럼, 자연과학적인 어떤 부분에서 계속 공부하고 관찰하지 않으면 농사 잘 짓기 힘들어요. 자연재해로 피해를 보는 것은 어쩔 수 없지만 땅은 거짓말하지 않으니까. 흔히 농사 처음 지을 때 이런 이야기들을 하잖아요. 밭의 작물은 주인의 발소리를 듣고 큰다고요. 밭에 자주 가면 풀이라도 한 포기 뽑고 물이 고여 있으면 호미로 물길도 내주고 오지 그냥 오진 않는단 말이에요. 잘 보살피는데 안 될 수가 없죠.

귀농 과정은 어땠나요?

김병근 귀농할 때, 자기 땅이 없고 집이 없으면 힘들죠. 청주에선 아파트 생활을 했는데, 일단 장소가 정해지면 세를 얻든 사든 농가 주택을 마련하는 것이 좋겠다는 생각을 하고 왔지요. 열흘 넘게 장연면 일대를 다녔어요. 찬밥과 라면을 차 트렁크에 넣고 그걸 먹으면서 마을마다 돌아다녔어요. 그러다 송동 마을에 헌 집을 하나 마련해서 2년 반 살다가 땅을 구해 집을 짓게 되었죠. 경제개발 5개년 계획처럼 처음에 정착기를 2년 두었고, 다음에 영농을 본격적으로 확대해 소득을 올리는 기간을 한 3년 뒀어요. 그러니까 작목을 선택하기 위해서 이 지역 사람들이 이 땅에 제일 잘 맞는 것으로 어떤 작물을 재배하여 소득을 올리는지 알아야 했어요. 그다음 5년은 확장기로, 경제적 자립에 목표를 두는 확장기. 이렇게 전체적으로 10년 동안 안정적으로 농사를 짓고 불필요한 부분을 없애나가는 쪽으로 계획을 세웠어요. 농사 정년을 65세로 볼 때(국가에서 정해놓았어요) 60세까지는 활동적으로 영농을 하고, 60세부터 65세까지는 농사를 급격히 줄여서 내가 먹을 수 있는 것만 하면서 귀촌 생활, 이를테면 문화적이고 여유로운 생활을 누리면 어떨까 해요. 이렇게 하면 합리적이고 바람직한 노후가 되겠다 하고 50대 중반에 계획을 세웠지요. 40대 중반에 와서 15년이 지났으니 이제 영농을 줄이고 새로 귀농한 사람에게 도움을 주면서 제가 하고 싶은 것을 슬슬 해나가는 게 요즘의 생활입니다.

귀농을 결정하실 때 수입, 생활환경 등으로 가족들이 반대하지 않으셨나요?

김병근 식구가 교사라서 기본적인 수입이 있으니까 큰 갈등은 없었죠. 선배로서 귀농 희망자를 만날 때 중요하게 물어보는 게 있어요. 부부 간 합의가 돼서 내려온 것이냐, 아내는 도시에 있는데 혼자 내려온 거냐. 또 한편으로는 세를 들어서 오든, 집을 지어서 오든 금전적으로 가용할 수 있는 여유가 얼마나 되는지 꼭 물어봐요. 그다음엔 아이가 중고등 과정에 진학하면 도시로 내보낼 계획이냐, 아니면 시골에 정착하면서 고등학교까지 보낼 마음이 있는지 물어보죠. 시행착오를 겪고 역귀농한 사람들이 많으니까. 마을에 와서 경제적인 이유나 마을 사람과의 불화, 혹은 가족 간 합의되지 않은 부분 때문에 결국 떠나는 사람들을 많이 봤어요. 무엇보다 작물 선택, 날씨 등 영농에 여러 가지 시행착오가 생겨요. 해마다 변수가 있으니 초보자들이 적응하기 쉽지 않지요. 그래서 제일 강조하는 것이 '첫 술에 배부르지 말아라', 그리고 '천릿길도 한 걸음부터'예요.

시골이 많이 변했다고 해도, 아직은 공동체 문화이기 때문에 도시와는 아주 달라요. 마을과 외떨어진 곳에 별장처럼 집을 짓고 귀농하겠다는 분들이 많은데 그런 건 이상적인 이야기지요. 좀 불편하고 싫더라도 귀농을 결정했으면 마을 주민들과 화합하는 게 중요해요. 자신이 먼저 마을 사람들에게 다가가야 해요. 어렵고 어색해서 거리를 두면 시골 분들은 훨씬 보수적이라 절대 먼저 접근하지 않아요. 나이가 많든 적든, 보면 먼저 인사하고 가서 도와줄 부분이 있으면 돕는 것이 영농을 배우는 방법이에요. 그건 봉사가 아니라 농사의 시행착오를 줄이는 기본 배움이라고 해야겠죠.

조명재 저는 어린 시절을 시골에서 보냈기 때문에 도시에 살면서 향수병을 앓을 정도로 시골을 늘 그리워했어요. 제 고향이 밤이면 늑대 울음소리가 들리는 경북 예천군 감천면 현내동이라는 깊은 산골이거든요. 신혼집이 청주의 한 아파트였는데 토요일만 되면 보따리 싸들고 바깥으로 나갔지요. 사실 시골로 가자는 소리는 제가 먼저 했고 남편이 동의해줬어요. 그래서 지도를 펴고 보다가 괴산이라는 이름이 마음에 들어서 교육청에 근무 희망지로 괴산을 신청했는데 장연면에 자리가 났죠. 그러니 우리 부부는 전혀 갈등이 없었는데 애써서 대학까지 공부시킨 아들이 농사짓는다고 하니 시어머니가 좀 힘들어하셨어요. 우리 애는 그냥 시골아이처럼 잘 컸고요. 학교는 제가 데리고 다녔고, 동네에 아이들이 별로 없었지

만 학교 가면 친한 친구들이 있었으니까요. 고등학생이 되었을 때는 불만이 좀 있었죠. 충주에 있는 학교를 다녀 친구들은 모두 충주에 있는데 자기는 오후만 되면 집에 와야 하고 나가려면 교통편이 불편해서 못 나가니까. 그래서 우리 사는 데는 별 불편이 없는데, 아이가 성장해서 차를 몰게 되니까 기름값 때문에 경제적인 부담이 좀 되죠.(웃음)

저 개인적으로는 완전히 직업이 두 개라 생각하고 살았어요. 평일엔 학교에 가고 주말엔 밭에 가고. 저 자신이 그걸 즐겼어요. 몸이 아프면 어쩔 수 없었지만 그 외에는 기꺼이 즐겁게. 그리고 시골 내려와 살면서 억수로 건강해졌어요. 초등학교 때는 조회하다가 빈혈로 쓰러지기도 하고 커서 사회생활 할 때도 그랬는데 시골에 들어와서는 땀 흘려 농사짓고, 또 싱싱한 것들로 잘 챙겨먹으니까 확실히 체력이 좋아졌다는 걸 느껴요.

장거리 통근도 항상 드라이브하는 마음으로 다녔어요. 성격이 농촌에 맞아서 그런가, 어려움은 못 느꼈어요. 그리고 집으로 놀러 오시는 분들 중에 간혹, 경제적으로 여유 있고 뭐 하나 남부러울 것 없는 분들인데 이렇게 사는 것이 로망이라고 말씀하시는 분들이 있어요. 그런데 문제는 아내와 의견 차이가 크다고. 그런 면에서 저는 남편이 직업적으로 자기가 좋아하는 것을 하면 된다고 생각하는 편이에요. 일반적으로 농사짓는다고 하면 선호도가 낮을 수는 있겠지만 제가 직접 고추 따고 해보면 세상에 이것만큼 소중한 일이 있을까 싶어요. 사람에게 가장 기본이 되는 것을 길러내는 일이니까. 그렇게 생각하니까 남편이 농부이고 벌이가 적다고 남들에게 기가 죽는다거나 하지 않았고요. 시골 사는 게 로망이라고 생각하면 와야죠. 물론 경제적인 부분을 무시할 수 없겠지만, 최소한 시골에 오면 가장 기본적인 먹는 문제는 해결되니까 잘 먹고 잘 살겠다는 욕심을 완전히 접어버리면 된다고 생각해요. 시골에 살면서 도시에서처럼 살려고 한다면 문제가 되겠지만 조금만 일궈도 자기가 먹을 것은 거둘 수 있고, 돈이 없으면 자기 몸으로 품을 팔아서라도 해결되니까 주변 사람들과 어울려 살아가면 크게 겁낼 필요는 없어요.

귀농/귀촌에서 가장 어려웠던 것은 무엇인가요?

김병근 저는 마흔다섯에 시작했는데 귀농으로 생각하면 좀 늦은 나이예요. 제가 볼 때 귀농을 한다면 서른 중반에서 늦어도 마흔 즈음에는 해야 경제적인 자립이라든가 아이들 교육에서도 어려운 점이 더 적을 거라 생각해요. 그런 면에선 전 어중간한 나이에 온 거죠. 귀촌도 아니고 귀농도 아닌 상태로 농사를 시작했는데, 저는 천성적으로 부지런하기도 하고 또 산에서 200평 정도 밭을 일궈 30가지 작물을 키워 거의 자급자족한 경험이 2년 정도 있어요. 그런 것이 많이 도움이 되었고, 또 마을 사람들 도와주면서 1년 반에서 2년 정도 생활한 것이 큰 도움이 되었지요. 3년차에는 어디 가서 농사짓는다고 말할 만큼 자신이 생겼죠. 일반적으로 볼 때 적응이 빠른 편이었는데, 농대 출신이나 농업 분야에 종사한 사람이라면 특용작물이나 새로운 하우스 농법을 시도해 더 빠르게 할 수 있겠죠. 물론 기본적으로 경제적인 뒷받침이 되어야 할 수 있겠지요.

누구나 그렇듯 초반에는 좀 힘들었어요. 하지만 힘든 것 자체를 자기와의 싸움이라 생각하고 주어진 현실을 받아들였지요. 이상은 높이 두되 현실을 인지하지 못하면 매순간 불만이고 부정적이 되니까요. 중요한 것은 멀리서 찾으려고 하면 안 돼요.

예를 들면 하루 종일, 새벽부터 밤이슬 내릴 때까지 콤바인 따라다니면서 일한 일당이 5만 5천 원이었어요, 1998년도에. 지금은 여자 품값밖에 안 되는 액수죠. 그렇게 일하면 목에 먼지가 끼어서 가래를 열 번 정도 뱉어야 먼지가 나올 정도인데 그 품일을 22일간 했어요. 그렇게 동네 논의 벼를 다 베면서 논마다 특성이 다 다르다는 걸 배웠어요. 그때 배운 게 많아요. 자연스럽게 공부가 된

셈이죠. 그러다 누가 논을 내놓았는데 물이 좀 생기는 곳이라 사는 사람이 없다는 정보를 들었어요. 그래서 그걸 사서 흙 넣고 퇴비 넣어서 좋은 논 만들어 농사지었죠. 시간이 지나니까 그 논이 작게 느껴져요. 그럼 작은 논을 시세에 팔고 더 큰 논을 사요. 그렇게 조금씩 늘려갔지요. 한 걸음 한 걸음 해나가는 것이 재미도 있고 보람도 있었어요.

🌱 농사지어 번 돈으로 땅을 살 수 있나요?

농사를 지어 땅을 사는 것이 불가능하지는 않은데, 획기적인 아이템이 아니면 시간이 오래 걸리고, 큰 땅을 사는 것은 어렵죠. 농사를 많이 짓는다 해도, 돌아오는 것은 얼마 안 돼요. 제 경우는 식구가 직장생활을 하면서 모은 돈에다 농사로 번 돈을 합하거나 빌려서 땅을 사고, 갚아나가는 식으로 땅을 늘렸어요. 이를테면 경제적으로 여유 있는 사람이 귀촌한 경우는 별 문제가 안 되는데, 서른 중반에 기반이 없는 상태로 귀농한 사람이라면 경제적으로 자립하기가 아주 어렵죠. 소도 비빌 언덕이 있어야 한다고 그럴 땐 먼저 귀농한 선배가 조금씩 도와줘야 한다고 생각해요. 두 내외가 아이 하나 기르면서 부지런히 농사지으면 작은 농토 정도는 구할 수도 있어요. 시간이 조금 걸리겠죠. 그러기 위해서 아주 부지런해야 하고, 틈틈이 부업을 꾸준히 하면 좀 더 쉬울 것이고.

저는 아내가 기본적인 경제능력이 있어서 어렵지 않게 정착했지만, 그렇지 않다 하더라도 정말 열심히, 부지런히 영농을 하면서 살아보겠다는 마음가짐이 어느 정도인가에 따라 달라요. 모든 일을 쉽게 해결하려는 사람은 귀농하지 말아야 해요. 쉽게 해결하기를 원한다면 도시에서 살아야죠. 물론 도시에서의 일이 쉽다는 건 아닙니다. 다만 농사는 일을 해서 실소득으로 현금을 만들기에 가장 어려운 일 중 하나예요. 그러니까 일확천금을 구한다거나 큰 것을 바란다면 귀농을 말리고 싶네요. 장기적으로 보아 지금은 손발이 부르트고 먹고살기 힘들더라도 마을 주민과 더불어 좋은 환경에서 자기 수행 하면서 살겠다고 생각하면 성공할 수 있어요. 물론 제가 말하는 성공은 엄청난 게 아니라 자립한다는 의미죠. 그렇게 하는 사람에게는 누구든지 도와주는 사람이 있어요. 저는 속담 이야기를 많이 생각하고 말하는 편인데 '하늘은 스스로 돕는 자를 돕는다', '천릿길도 한 걸음부터', '부지런한 새가 먹이를 먼저 구한다' 이런 속담들이 특히 귀농하고 영농하는 사람들한테 맞아요. 체질적으로 안 되는 사람은 벽에 써놓고라도 귀농해서 실천해야 한다고 생각해요.

자녀 교육 문제는 어떻게 대처했는지요?

김병근 귀농할 때 아들이 여섯 살이었는데 동네엔 아이들이 거의 없었어요. 아들과 동갑내기 하나, 그 위에 누나가 하나, 그리고 갓난쟁이가 하나 있었죠. 그런데 아내가 근무하는 광진초등학교 병설유치원에 데리고 다니니 큰 무리는 없었어요. 교육적인 부분도 아이 엄마 덕분에 개인적으로는 아주 쉬웠죠. 지금은 어느덧 대학생이 되고, 군에 입대하여 휴가를 나오면 아버지와 함께 술잔을 기울일 정도로 장성했네요.

조명재 시골에 살면 아무래도 학교 보내는 게 문제가 될 거예요. 제 경우는 제가 학교에 있으니까 병설유치원부터 시작해서 등하교시키는 데는 별 문제가 없었어요. 중학교부터는 충주로 근무지를 신청해서 발령받아 갔고요. 그런데 시골에 사는 아이들의 교육은 정말 국가에서 해결해줘야 해요. 국가에서 안 해주니까 여러 사람이 모여 공동체를 이뤄 해결하기도 하는데 쉽지는 않지요.

농부로서 느끼는 자기만의 즐거움을 소개해주세요.

김병근 파종한 종자가 싹이 나서 밭이 푸른빛으로 되고 다시 꽃이 피고 열매를 맺었을 때, 푸근하고 넉넉한 마음이 들죠. 그것을 팔아 경제적으로 도움이 되고 안 되고를 떠나 이른 봄, 아무것도 없는 빈 밭에 거름을 넣고 파종을 하고 싹이 나고……. 그것을 수확할 때의 푸근함, 넉넉함을 시적으로 표현하진 못한다 해도 그 풍요로움을 자신은 느낄 수 있죠. 노력을 많이 했으나 악천후로 큰 피해를 본다거나 하면 아픔, 걱정도 있을 것이고……. 세상일이 좋은 일만 있는 것은 아니니까요. 아이가 아파 병원에 갔는데 고칠 수 없는 병이라고 했다고 할 수 없지, 하고 돌아오지는 않잖아요. 작물이 어디 안 좋다면 이웃에도 계속 물어보고 농업기술센터에 가서 또 물어보면서 조금씩 자기의 경험, 능력이 향상되면 전

문적인 농사꾼이 되어가는 거예요. 첫 술에 배부른 법이 어디 있어요. 특히 변수가 많은 것이 농업인데 공부해야 하고 토양관리 잘해 줘야 되고 하늘이 도와줘야 되죠. 그렇게 해서 농사를 잘 지었어도 그해 다른 사람들이 다 잘되어 농산물이 많아지면 가격이 떨어질 수도 있고요. 하지만 아무리 값이 떨어져도 농사꾼은 농사를 지어야 돼요. 잘 지은 농산물은 값이 전체적으로 내려가도 자기 마음은 후회가 없어요. 그러니까 농민은 부지런히 농사를 잘 지어야 돼요. 학교 가면 학생은 공부를 잘 해야 하는 것과 똑같아요.

그다음엔 역시 추수할 때 좋죠. 농사도 좋고 금도 좋아요.(웃음) 허리도 아프고 어깨도 아프고 그래서 파스 붙이고 있는데 수매해 서 통장에 돈이 들어오면 좋지요. 그러다 농한기가 오면 영어강좌 도 듣고 색소폰도 배우러 다녀요. 뭔가를 배운다는 것은 일종의 자 기향상이고 성취감인데, 농사도 마찬가지예요. 작은 배추 모를 심 었는데 가을에 커다란 김장배추가 나오고, 콩을 심었을 때 주렁주 렁 달리면 참 신기하지요. 그렇게 일 하다가 막걸리 한 잔 하고, 노 래도 하고, 다툼이 있으면 중재도 하고……. 농촌에 살면 그런 풍 류나 멋도 상당히 필요하다고 봐요.

한편으로 농사는 저에게 즐거운 수행이기도 해요. 농사는 자기 육신을 가지고 흙과 호흡을 맞춰 일하는 것인데 그 가운데 쓸데없 는 시비가 없어요. 땅은 거짓말을 하지 않고 저는 제가 가진 정보 와 노력으로 정성을 들이면 그 결과가 고스란히 나오니까요. 누가 중간에 와서 불협화음 일으키거나, 관계에서 갈등을 유발한다거나 하는 일 없이 땅과 작물과 자기 노력만으로 이루어가는 거죠. 육신은 힘들지 모르지만 평안한 마음으로 일할 수 있는 것이 농사예요. 나름대로 잡념이 없어요. 고요한 상태에서 일하면서 자기도 모르는 사이에 자연친화적으로 순수해진다는 것을 느낄 수 있어요. 삽으로 땅을 파고 적당한 시기에 파종을 하고 거름을 넣어 보살피고, 어린아이 보살피듯이 꾸준히 노력하고 부지런해야 하는데 그게 결국 자기와의 싸움이고 바꿔서 말하면 자기를 닦는 것이지요. 그게 수행이라고 생각합니다.

앞으로 귀농하려는 분들에게 조언을 부탁드립니다.

김병근 귀촌하는 경우는 잘 모르겠지만 귀농은 기반을 조성하는 것 자체가 어렵기 때문에 방향을 확실히 잡고 시작하는 것이 좋겠습니다. 실제로 살 집을 마련하기도 어렵고, 적합한 땅을 구입하지 못해 임대로 농사를 하는 것도 어려워요. 농촌이 고령화되어 노동력이 취약해졌다고 해도, 농사지을 만한 좋은 땅을 괜찮은 가격으로 살 수 있는 기회를 만나기가 쉽지 않아요. 기존에 농사를 짓고 있는 사람들에게 이미 계약이 되어 있기 때문이죠. 그러니까 영농으로 자립하여 기반을 빨리 잡으려는 사람은 확실한 귀농 철학과 마음가짐으로 오셔야 해요. 손에서 피가 나도록 열심히 하겠다는 끈질긴 구도자의 마음으로 매진하면 도와주는 사람들이 나타나요. 하나를 보면 열을 안다고, 동네 분들이 보면 알아요. 2~3년 고생해도 이 사람은 앞으로 뿌리를 내리고 자립하겠구나 하는 모습이 보인다고요. 그러면 하나둘 도와주는 분들이 생기죠. 또 그런 사람들을 보면 전부 확실한 귀농 계획들을 갖고 있어요.

🍃 귀농지로 괴산을 고려하는 분들에게

괴산엔 여러 면이 있는데, 지역마다 약간 특징이 있어요. 괴산은 산악지대면서 잡곡을 예전부터 많이 해왔고, 특화작물로는 대학찰옥수수, 세척청결고추, 절임배추 등의 품목들이 있어요. 이런 품목들은 일단 여기가 석회암 지대라 똑같은 옥수수라도 감칠맛이 있고, 위도상으로 높진 않아도 중산간지대라 배추가 맛이 있죠.

군에서 추천하는 품목을 작목하면 소득은 되는데 경지면적이 좀 넓어야 돼요. 당연한 이야기지만 그 양이 적으면 소득으로서 목돈, 연소득이 적을 수밖에 없죠. 그렇다고 경험이 없는 사람이 큰 땅을 빌려 농사를 지으면 고생도 많이 하고 돈은 많이 들고 생산은 못하고……. 그러다 보면 빚지게 되죠. 차근차근 몇 년간 영농을 배우면서 정착하겠다고 생각하고, 귀농 몇 년 계획이 마련되어 있다 하더라도 구체적으로 그림을 그리면서 진행하는 것이 좋아요. 다시 말하면 계획서를 짜야 한단 말이죠. 계획서를 짜서 몇 퍼센트 달성되었는지 체크하면서 부족한 부분은 마을 농업인들에게서 자문을 얻거나 농업기술센터의 교육, 강연, 세미나 등을 부지런히 다니면서 채워야죠. 그렇지 않고는 향상되지 않고 자기 식대로 농사짓는 것으로는 어떤 경쟁에서도 이길 수 없어요. 요즘은 기본적

으로 정보가 많이 공개되어 초보자라도 따라갈 수는 있는데 실제
적으로 혼자 심어보고 결과를 보고 계속 공부해야 돼요. 이도 저
도 아니고 그냥 막연히 잘 되겠지, 하면 절대 안 됩니다. 농사는 대
충이 안 돼요. 회사에선 상사한테 야단맞겠지만, 농사는 야단이 아
니고 작물이 바로 보여줘요. 원인과 결과가 뚜렷이 나타나요. 정말
농업은 부지런하고 성실하고 늘 공부하는 자세가 아니면 성공하기
힘듭니다.

끝으로, 마을에 정착하여 살려는 분들께 당부 말씀이 있다면요.

김병근　제가 여기 1997년도에 귀농해서 1년 있다가 반장 3년
보고, 새마을지도자 3년 보고, 8년 되던 해에 이장이 되어 마을
일을 보게 됐습니다. 계산을 할 땐 정확히 따지는 성격이지만 워
낙 사람들과의 만남도 좋아하고 베풀며 살자는 마음을 갖고 있어
요. 흔히 지덕체, 지혜와 덕을 쌓고 건강해야 한다고 하는데 이중
에서 덕을 쌓는 것이 굉장히 중요하다고 생각해요. 덕은 그냥 쌓이
지 않아요. 베풀고 보시하는 데서 쌓이는데 그 덕이 바로 올 수도
있고, 수년 뒤에 올 수도 있죠. 또 어떤 관계에선 자신이 베풀었으
나 오지 않을 수도 있어요. 오지 않았어도 자기가 베푼 것으로 끝
나야지, 이만큼 했는데 왜 오지 않느냐 이렇게 생각하면 베푼 것이
아니에요. 그런 것은 따지면 안 됩니다. 반면 작은 것은 따져도 돼
요. 저한테 만 원 빌려가서 안 갚으면 가서 따져요. 제가 돈을 빌리
면 몇 푼 안 되더라도 가서 꼭 갚아요. 그건 제 삶의 어떤 틀이에

요. 큰 것은 따지지 않고 베풀고 허락하되, 작은 것은 분명하게. 공과 사를 분명하게 할 때, 신용 있는 사람이 되죠. 도시든 농촌이든 자기가 쭉 해왔던 행동대로 가는 거예요. 더군다나 농촌은 공동체 문화고, 늘 똑같은 사람을 자주 만나죠.

'이웃 전지'라는 말이 있어요. 한 마을 이웃이라 해도 사는 집은 이 집하고 저 집하고 아주 먼데, 제 밭하고 저 사람 밭하고 옆에 붙어 있어요. 그럼 집은 가까운 이웃사촌이 아니더라도 두 사람이 형제같이 지내요. 매일 밭에서 같이 일하고 끝날 때도 같이 끝나고, 물도 얻어먹고 그러죠. 더불어 사는 세상에선 독불장군이 없다는 이야기예요. 어느 마을에 도시 사람이 들어와서 자기 땅을 측량해 집을 짓다 보니 동네 사람 다니는 길을 막았대요. 그랬더니 동네 사람들이 합심해서 그 사람 다니는 길을 막았다는 이야기도 있어요.

자신의 기준이 전체의 기준은 아니라는 걸 명심해야 해요. 당장은 득을 볼 수 있고 손해도 볼 수 있겠지만 그게 전부는 아니죠. 문제가 생기면 참회하는 마음, 인정하는 마음을 갖는 게 중요해요.

더욱이 요즘엔 도시에서 안락하게 살다가 시골 마을에 들어와 농사로 경제활동 하지 않고 별장 같은 집에서 노후를 보내는 사람들이 있는데 그런 분들일수록 마을 분들과 잘 화합하면 좋겠어요. 자기가 원하는 형태로 사는 데 뭐라 하는 것은 아니에요. 다만 그 모습 자체로 빈부차이랄까, 농촌에서 일하면서 사는 사람들의 의욕을 꺾고 위화감을 조성하는 부분이 없지는 않으니까 공동체 차원에서 볼 때 걱정되는 부분이 있죠. 어떤 형태로 살든 마을에 들어왔으면 함께 어울려 지내면 더욱 좋겠지요.

02

발효교육 하고 장 담그는 **김영태, 엄희진 부부**

청천면 삼송리

이따금 시골 생활이 힘이 들 때, 친정집이 너무 멀다고 느껴질 때 이 집을 떠올렸습니다. 같은 괴산이라도 큰 산을 넘어가야 하지만 희진 언니네를 가면 항상 구들방을 데워주셨거든요. 그 방에서 낮잠을 자고, 보이차도 마시고, 저녁에는 청국장을 먹었습니다. 배불뚝이 임산부였던 저는 이 후한 대접에 물색없이 좋아라하다가, 몸도 마음도 든든해져 집으로 돌아오곤 했지요. 동네에 친구가 없어 외로울 때도, 같이 바느질이나 하며 긴긴 겨울을 보내자는 언니의 전화가 큰 힘이 되었습니다. 그렇게 오고갔던 마음이 무엇인지, 바로 이 인터뷰에 담겨 있습니다.

기꺼이 버리고
시원한 단조로움을 얻다

어떻게 시골생활을 시작하게 되었나요?

엄희진 인천에서 직장 생활을 하고 있었는데, 1999년도인가 대학 선배들이 강화도로 귀촌을 했어요. 그때 같이 집을 보러 다녔는데 아파트에서 살던 선배 언니가 다 쓰러져가는 빈집을 구한 거예요. 처음엔 어떻게 여기서 살아? 그랬는데 집수리나 도배를 도우면서 주말마다 들락거리게 됐어요. 그때가 서른 즈음이었는데, 사실 그 나이면 미래의 꿈을 위해 뭔가 하고 있을 줄 알았죠. 원래 초등학교 교사가 꿈이었는데 학창시절의 트라우마가 있어서 포기했거든요. 그런데 대학, 대학원 다니면서 아르바이트로 학원에서 아이들을 가르치다 그게 너무 좋고 재미있어서 예전 꿈이 되살아난 거예요. 그래서 나중에 다시 야간 대학이라도 다녀서 오십이 되면 섬마을 선생이라도 되어야겠다 그랬는데 막상 서른이 되고 보니 그 꿈이 현실에서 이루어지지 않을 것 같았어요. 너무 속상했죠. 게다가 직장에서 기획실 홍보 담당이라 자정이 넘도록 일하는 건 기본이고 술자리도 많았어요. 잠시 짬이 나면 PC방에 가서 서너 시간씩 블로그에 영화평 올리고……. 그렇게 지내다 보니 내가 뭔가 잘못 살고 있는 것 같다, 어떻게 살아야 할까 고민하게 되었죠. 그러다 선배들 보러 강화도에 다녔는데 강화다리를 건너가면 저 멀리 산에서 반짝반짝 불빛이 보여요. 그걸 보면 가슴이 막 설렜어요. 강화읍에서 선배네 집까지 15분이 걸리는데 그 시간을 가슴 졸이면서 들어갔죠. 그러다 1년 뒤에 저도 강화도로 이사를 했어요.

김영태　저는 14년 전에 결혼을 하면서 강화도로 귀농을 했어요. 도시에서는 대학, 대학원 다니면서 공부밖에 안 했는데 일단은 자급자족 체계를 마련하고 싶었어요. 냉장고 없이도 살 수 있는 그런 삶. 그때부터 아내는 염색하고 옷 만들기, 저는 발효식품과 농법 연구를 시작했지요. 그런데 강화도 내에서 네 번이나 이사를 했어요. 당시 강화도가 막 개발이 돼서 땅을 사고 파는 일이 빈번하게 일어났거든요. 세를 준 도시 사람들이 주말에 이용하기 위해 나가라 하기도 하고. 그때 수중에 1,500만 원이 있었는데 그 돈으로 마음에 드는 집을 살 수가 있었어요. 하지만 아내와 얘기하기를 땅이나 집을 소유하면서 살지 말자고 했기 때문에 전셋집을 1,500만 원 들여서 고쳤죠. 그런데 집 주인이 나가라는 거예요. 그런 일을 계속

겪다 보니 땅을 사야겠다는 생각을 하게 되었죠. 우리가 하는 일이 고정된 작업장이 필요한 일이거든요. 세 들어 살면서 된장을 만들어 항아리에 담았는데 집을 빼달라 그러면 황당하죠. 된장 자체를 옮겨야 하는데 항아리 무게도 만만치 않고 깨질 수도 있고. 게다가 장독대 만들려면 위치, 배수 등을 고려해서 새로 만들어야 하는데 투자비를 회수할 수 없잖아요. 그래서 여기저기 알아보니 괴산이 땅값도 괜찮고 발효할 수 있는 환경도 좋아서 오게 됐죠. 괴산에서도 처음 살던 곳이 물이 안 좋아서 한 번 더 이사를 왔죠.

현재 어떤 일을 하고 계신지요?

김영태　청국장, 된장 만들어서 식당에 납품하고 발효교육을 하고 있어요. 차 생활을 오래 했기 때문에 발효의 중요성은 잘 알고 있었는데 옛날에 먹던 청국장, 된장 맛을 어디서도 찾을 수가 없더라고요. 그래서 옛날 맛을 한번 만들어보자 싶어서 시작했어요. 그리고 텃밭 1,000평 정도에 다섯 식구 먹을 농산물을 서른 가지 정도 짓습니다. 고구마, 감자, 고추, 오이, 옥수수, 콩, 배추, 무, 갓, 땅콩, 들깨, 참깨, 호박, 쪽파 등. 귀농 초기에는 가지고 온 돈이 없어서 농사짓기도 어려웠어요.

귀농 후 어떤 점이 가장 어려웠나요?

김영태　가난과의 싸움, 그것의 연속이었죠. 요즘 사람들은 생각도 못하겠지만 쌀도 없고, 쌀 살 돈도 없고, 더 이상 돈을 빌릴 데도 없던 시절이 있었어요. 옆집에 쌀 한 됫박 얻으러 가기도 하고. 그때 우리 생활비가 80만 원이었는데 월세 내고, 서울에 일 있어 나가느라 기름값 등 10만 원씩 빠져나가면, 가난밖에 남는 게 없었어요. 도시에서야 10만 원이 그리 큰돈은 아니지만 우리 집에서는 한 달 생활비의 8분의 1이니까 엄청난 타격을 받게 되죠. 그러니 경조사가 있어도 함부로 나갈 수가 없고, 관계가 끊어지니 괴팍한 삶을 살 수밖에 없게 돼요. 집에서 다툼도 많았죠. 아직도 경제적으로 여유 있는 건 아니지만 지금은 둘 다 바느질이나 발효기술이 어느 정도 올라서 수익이 좀 되는 편이에요.

보통 그런 과정을 거치면서 가정이 깨지거나 도시로 돌아가는 경우를 많이 봤는데 거의가 돈벌이가 안 돼서 그래요. 농사로만 생활이 되는 사람은 우리 동네에 있는 유명한 유기농 농장에서도 드물어요. 유기농으로 먹고 살려면 밭이 4,000평, 논도 5,000평 이상 있어야 하는 데다 기반 만들려면 초기에 돈이 많이 드니까 아무나 할 수는 없죠. 그래서 목수를 하든 공장을 나가든 품을 팔든 부업들을 해요. 그러니 시골에서 살려면 무엇보다 가난을 즐겨야 해요.

나이 들어서 가난을 즐기지 못하면 탐욕으로 생활이 점철된다는 생각을 요새 많이 해요. 나이가 들면 점점 할 수 있는 일도 적고 벌이가 적어지잖아요. 그러면 남는 건 늙음과 인맥밖에 없는데 가난에 익숙해지지 않으면 수작을 부리게 되겠죠. 가난을 즐기려면 몇 가지 조건이 필요한데, 일단 불필요한 인간관계가 끝나야 해요. 같이 모여서 술 마시고 돈 쓰는 그런 행위가 끝나야 해요. 그다음엔 현대 문명의 중요한 비중을 차지하고 있는 여행이나 여가 생활 등. 의식주 역시 가장 근본적인 필요 외에는 하지 않아야죠.

자본주의 문명 자체가 가난을 즐기지 못하는 품성이 만들어낸 하나의 사회체계라고 저는 생각합니다. 어떻게든 부를 축적하기 위해 다른 사람을 착취하고, 미래에 있는 자원을 현재에 끌어다 쓰고, 대인 관계에서도 인간이 목적이 아니라 필요에 의해, 이익에 의해 헤어지고 만나고 하잖아요. 자신의 본성을 육체와 영혼 중 어디에 놓느냐에 따라 사람은 두 가지 품성으로 나뉜다고 봐요. 가난은 영혼과 상관이 없어요. 가난하다고 영혼이 피폐해지지는 않으니까. 가난을 즐기지 못하는 건 육체예요. 그러니까 가난을 즐긴다는 건 육체의 욕구를 따를 것이냐, 영혼의 욕구를 따를 것이냐인데 자연주의적 삶으로서의 귀농을 선택한 사람들은 필연적으로 가난을 즐기게 되겠죠.

귀농해서 잃은 것이 있다면, 그건 잃은 게 아니라 버린 것에 가까워요. 도시에서의 삶을 부정하고 자연주의적 삶을 선택함으로써 저의 생활습관, 취미, 인맥, 돈벌이가 되는 관계들이나 터전 등을 기꺼이 버리고 가난과 싸움과 소박함을 얻었죠.(웃음) 지금은 생활비가 150만 원인데 빚내서 집 사느라 이자가 40만 원씩 나가고, 아직도 차를 끌고 다녀서 기름값, 전기세 등 쑥쑥 빠져나가니 여전히 여행도 자유롭게 못 가요. 하지만 이렇게 단조로움을 얻었어요. 이제는 하고 싶은 걸 못 하는 안타까움보다는 애초에 제가 할 수 없는 일이라 생각하기 때문에 뒤돌아보지 않는 시원함이 있어요. 하나의 갈등이 클 수는 있어도 생활 속에 자잘한 갈등 요소들은 없죠.

엄희진　정말 많이 버려야 했어요. 스스로 생각하기에 저는 사람들과의 관계에서 인정받고자 하는 스타일이에요. 관계 속에서 제가 살아 있음을 느끼죠. 그리고 받는 기쁨보다 주는 기쁨이 크잖아요. 남편과 그것 때문에 많이 싸웠어요. 그런 건 형편이 허락하는 선에서 해야 하는데 자꾸 돈으로 하려 한다고. 돈으로 사는 선물 대신 다른 방법으로 할 수 있다는 것을 배우기까지가 무척 힘들었고 그런 관계들을 다 버리고 살아야 하니까 처음엔 많이 힘들었어요.

그리고 백프로 자연주의적인 삶을 살고 싶었는데 지금은 적당히 타협하고 살고 있어요. 신혼 때는 불 때는 방에서 살았거든요. 지게가 망가져서 아침마다 둘이 외발 수레를 끌고 나갔어요. 매일 산에 가서 나무를 해다가 남편은 톱으로 썰고 저는 임신해서 배 나온 채로 낫 들고 곁가지 쳐내고. 지금은 아이들이 있어서 어렵지만 그럼에도 불구하고 그렇게 사는 사람들이 있잖아요. 그런 사람들은 더 많이 버린 거죠. 더 원칙적이고, 자신에게 더 엄격하고. 저한테는 그런 게 많이 부족했나 봐요.

여자 입장에서 아이 셋 기르면서 시골살이 하기가 만만치 않을 것 같습니다.

엄희진　지금 여기서는 아이들 기르기가 괜찮은데 강화도에 있을 때 너무 힘들었어요. 애기를 업고서 과외를 하기도 하고. 사실 남편이 대부분 봐주고 나머지는 제가 데리고 다녔지만 제 기억에는 대부분 제가 보고 남편은 별로 안 봐줬다는 식으로 기억이 되더라고요. 사람은 대개 자기가 유리한 쪽으로 기억하기 마련이잖아요. 어쨌든 그것 때문에 큰 애를 많이 닦달하고 남편하고 싸우고 그랬어요. 그렇게 스트레스를 많이 받기도 했지만 애들이 너무 예쁘니까, 그리고 당연히 제가 해야 할 일이라 생각하니까 고통스럽다고 생각하지는 않았어요. 그리고 애들 아빠가 육아는 많이 도와주려고 했어요. 항상 도와주는 것은 아니어도 굵직한 것들, 밥 먹을 때만이라도 편하게 먹으라든가, 어딜 가면 아기를 항상 자기가 안아주는 식으로 나름 배려를 해줬죠.

지금 생각하면 참 미안한 것이 힘들고 짜증나면 남편한테 돈 벌어 오라 그러고, 왜 나만 힘들게 돈 벌어야 되냐고 하며 싸운 것. 가장 힘들었을 때 선배나 언니들이 없었으면 못 버텼을지도 몰라요. 경제적으로 고달프고 남편이랑 싸워서 힘들면 선배들 찾아가서 막 울고 같이 사는 이야기 하고 그러다 보면, 꼭 위로가 아니더라도 견딜 수 있어요. 그 시간이 지나면 또 견뎌지더라고요. 그래서 주변 엄마들한테도 힘들면 서로 이야기하고 나누자고, 슬픔이나 고통은 나눌수록 줄어든다고 하는데 그런 게 잘 안 되어서 아쉬워요.

사실 귀농/귀촌 하시는 분들이 자연적인 삶을 살고자 오시긴 했지만 자기 주장이 뚜렷한 분들이잖아요. 우리처럼 초기에 내려온 사람들은 뭘 가지고 오는 사람들이 없었어요. 그때만 해도 정말 아무것도 없이 자연적인 삶, 나누는 삶, 조화로운 삶을 살자 이러면서 시작했는데 요즘은 많이 달라진 것 같아요. 다들 몇 년 살 것을 준비해서 오고, 그러다 보니까 생각 자체가 다르더라고요. 도시에서 개인주의에 익숙해져서 온 사람들이기 때문에 '왜 무슨 일 있었어? 얘기해봐, 괜찮아' 이런 게 잘 안 통하는 거예요. '내가 이 사람들한테 얘기해도 될까' 이걸 먼저 생각하는 것 같아요. 말하기 전에 이미 선을 하나 딱 긋는 것이 느껴지고, 그러면 저도 제가 괜한 오지랖이구나 하는 생각이 들더라고요. 저는 무척 힘들었던 시간에 선배들이 함께 다독여주고 서로 나누고 이랬기 때문에 견뎠거든요. 그런데 저는 이걸 선배들한테는 못 갚아줄 것 같고, 그래서 이걸 갚으려면 저도 그렇게 힘들어하는 사람들과 나눠야겠다고 생각했어요. 그런 거 때문에 때때로 상처받고 서운했는데 이제는 부담스러울 수도 있겠구나 하면서 저를 돌아보게 돼요. 그렇게 서로 조금씩 변하는 거죠.

주변에 산이 있고, 텃밭을 하게 되면 음식을 하는 주부로서는 또 새로운 경험을 하게 되잖아요.

엄희진 강화도에 있을 때는 날라리 주부라서 과외한다 어쩐다 하면서 농사를 지어도 제대로 수확도 안 하고 그랬어요. 그때만 해도 텃밭에 불과했고 별 관심 없었는데 괴산에 와서 셋째 일균이 가지면서부터는 아르바이트고 뭐고 아무것도 안 하고 집안일만 하면서 농사에 관심을 갖게 되었어요. 그리고 첫 번째 집에서 여기로 이사 오면서 무리를 했기 때문에 당장 그 달 생활비가 없을 정도라 이런 것으로 돈을 벌어야겠다는 생각도 들었고. 그래서 아이가 잠들면 뒷산에 올라가 둥굴레 캐서 둥굴레 정과도 만들고, 고들빼기 캐서 김치도 담그고 그랬죠. 또 1,000평가량 생긴 땅을 놀릴 수는 없으니까 하나둘 농사를 시작하고요. 아이들도 돌봐야 하고, 바느질도 해야 하고, 발효도 해야 하는데 몸이 안 따라주는 게 힘들어서 그렇지, 남편이랑 동네 엄마들이랑 산에 가서 이건 뭘까, 저건 뭘까 이러면서 캐서 말려놓으면 좋더라고요.

그런데 음식은 또 제때 해야 하잖아요. 몸이 안 따라주니 그게 안 될 때가 많아서 애기 아빠한테서 아직도 잔소리를 듣고 있어요. 음식을 하겠다고 따 왔는데 만들기도 전에 썩혀서 버리게 되면 생명을 죽였다는 거죠. 그 말이 틀린 건 아닌데 일단 저도 사람이니까. 여자들은 멀티 플레이어잖아요. 여러 가지 신경 쓸 게 많고. 하지만 그걸 제일 먼저 해야 한다는 남편 말도 틀리지 않으니까요. 아직도 어쩔 수 없이 그럴 때가 생겨요.

그러고 보면 저는 인생 자체가 다 바뀌었어요. 먹는 것부터 시작해서 습관, 인간관계까지 완전히 다 바뀌었어요. 리뉴얼이죠.(웃음) 예전엔 딱 도시형 스타일이었어요. 텃밭 가꾸기도 좌충우돌이었지만 남편이 지금도 놀리는 게 김치 담는다고 배추 좌악 썰어가지고 소금 샥 뿌리고 뚜껑 딱 덮어놓고 나중에 '아니, 왜 배추가 안 절여지지?' 그랬더니 '아니, 이 사람아, 물을 뿌려야지' 그러더라고요. 그 정도였어요. 자취할 때 친구들 오라 해서 레시피 책 보고 음식 만들어 대접하곤 했지만 정말 요리를 안 하고 살았어요. 결혼 초기에 제가 워낙 요리를 못하니까 남편이 얼마나 구박을 하는지. 밥도 제대로 못 했고, 뭘 할 수 있는 게 없었어요. 스무 살부터 자취 시작해서 내내 공부하고, 삼십대 중반에 결혼해서 남편한테 찌개 끓이는 법부터 배웠어요. 제 인생의 첫 레시피가 《선재스님의 사찰음식》이에요. 아무것도 모르는데 거기에 나온 대로 요리를 시작해서 실수도 정말 많이 했어요. 또 우리가 사람을 좋아해서 손님들이 많았거든요. 먹을 게 없었는데 손님들이 왔다 가면 먹을 게 생기니까 날마다 오병이어의 기적이라고 그랬죠.

지금은 산이나 밭에서 걷은 것으로 이것저것 만들고 김치도 담아서 도시 사람들한테 직거래로 판매하기도 해요. 예전부터 우리 집 음식을 많이 먹던 사람들한테 연락해서 요번에 뭐 만들었는데 드실래요? 하고 알려줘요. 농사를 본격적으로 지으면서부터는 요걸로 어떤 먹거리를 만들 수 있을까, 이걸 어떻게 많이, 맛있게, 더 다양하게 만들어 먹을까, 고민하는 게 너무 재미있어요.

아이들 교육에 대해서 어떤 생각을 갖고 계신지요?

김영태 얼마 전에 아는 분과 본성교육과 본능교육에 대해 얘기했어요. 본능과 본성의 차이점을 아세요? 글자 그대로 해석하면 본능은 원래부터 할 수 있는 것, 가르치지 않아도 훈육되지 않아도 할 수 있는 능력이에요. 거기에는 여러 가지가 들어가죠. 의식주에 대한 욕망, 노래를 잘한다거나 뭘 잘 만든다거나 하는 재능들. 그런 건 태어날 때부터 갖고 나오는 거죠. 그런데 본성은 처음에 태어날 때부터 품은 것, 기독교에선 예수님의 모습, 불교로 얘기하면 불성,

그런 것이 자기 속에 있는데 그게 숨겨져 있고 가려져 있어요. 그건 키우는 게 아니에요. 가리고 있는 것들을 걷어주면 자연히 커져요. 빛과 같이 커지는 것이죠. 옛날 교육은 다 본성교육이었어요. 요즘 공자왈 맹자왈 하면서 비아냥거리지만, 사람한테는 원래 부처님 같은 불성이 있는데 옛날에는 그 가려진 것을 걷어내는 교육을 했죠.

공자님이 하신 말씀, 부처님이 하신 말씀, 예수님이 하신 말씀이 다 그런 이야기예요. 그때는 종교와 교육이 하나였죠. 종교는 그 교육을 위해 만들어진 하나의 방법론이자 장이었어요. 그런데 요즘은 본능교육이죠. 가지고 있는 재능을 키워주는 쪽이에요. 그러니까 가르치지 않아도 잘할 수 있는 것을 더 잘하게 해주고, 자유주의 교육이라 해서 아이들이 표출하는 욕구를 억압하지 않는 교육이죠.

아이들을 어떻게 교육하고 싶으냐는 질문에는, 만일 제가 다시 어린 시절로 돌아간다면 부모님께 어떤 교육을 받고 싶은지가 답이 되겠네요. 저는 콩쥐나 신데렐라, 심청이처럼 교육받고 싶어요. 그러니까 어릴 때부터 팥쥐나 신데렐라 언니들처럼 오냐오냐 키우면, 곧 본능교육으로 키우면, 자라서 사회악이 되죠. 타자에 대한 배려심도 없고 자기 마음에 안 들면 난동을 피우고 사기도 치고. 제가 직접 아이들의 본성을 키워줄 능력은 없어요. 본성교육엔 스승이 필요하죠. 저는 사실 교육에 크게 신경 쓴 적은 없는데 집에서 애들을 엄하게 대하죠. 본성교육을 하는 방법을 잘 모르니까 본능을 억제하는 강압교육에 가깝게 하게 되죠. 적어도 공주병, 왕자병 가진 아이로 키우면 안 된다고 생각하니까. 부모가 자식한테 본성교육을 하기는 어려워요. 옛날에는 조선시대 초까지는 네댓 살이 되면 스승 밑에 가서 배우고, 열여섯 살에 집에 와서 결혼을 했어요. 그리고 결혼해서 사십대까지 하인처럼 처가살이를 해요. 다시 돌아와서 자식들 다 출가시키면 죽을 무렵이 돼서 양지 바른 곳에 고려장 되죠. 고려장은 버리는 게 아니에요. 마지막 생을 정리할 수 있는 기회를 주는 거지. 그러니까 실제로 콩쥐처럼, 하인처럼 사는 거예요. 어릴 때는 스승 밑에서 엄하게 본성, 본능교육을 받고, 결혼해서는 처가에서 머슴교육을 받고 비로소 집에 돌아와 가장이 되는 거죠.

엄희진 남편은 강압교육을 하는 면이 있어서 불만스러울 때가 좀 있어요. 그렇다고 당신 틀렸어, 그러지는 않아요. 예전에는 과도하게 애들을 혼내면 제가 화를 내고, 남편은 그게 아니라고 하면서 싸웠는데 요즘엔 화날 때 한 번 참았다가 부드럽게 말하면 자기가 그랬냐면서 한 번 돌아보고 그래요. 아빠가 너무 무섭게 하면 반발심이 생길 때도 있으니까 그때 아버지와 애들의 관계가 너무 멀어지지 않도록 하는 게 제 역할이죠. 아빠가 너 잘되라고 그렇게 하는 거 알지? 아빠 맘은 그렇지 않은 거 알지? 앞으로는 그렇게 안 하도록 노력해, 이렇게 다독이는 정도. 그리고 아무리 노력해도 부모도 사람이니까 애들한테 짜증내고 부부끼리 싸우기도 하고 그러잖아요. 그럴 땐 아이들한테 이야기를 해요. 엄마도 이럴 때는 화가 나거든? 너희들도 막 싸우잖아. 엄마, 아빠는 어쩌다 한 번 그러지만 너희는 매일 싸우잖아. 이런 건 너희들이 이해해. 그러면서 감정을 솔직하게 이야기해주죠.

첫째, 둘째는 초등학교에 다니고 있는데, 학부모로서의 고민도 있으시겠죠.

엄희진　애들을 꼭 집에서 키워야겠다고 생각한 건 아니지만, 예전에는 별로 학교에 보내고 싶지 않았어요. 초등학교 갈 나이가 되면 제가 가르쳐야겠다고 생각했는데 요즘은 공교육이 잘 되어 있어 고맙지요.(웃음) 왜냐하면 농사를 지어야 하니까. 농사짓는 동안 애들을 학교에서 봐준다는 게 고맙지만 학교가 더 잘했으면 해서 엄마들끼리 모임을 해요. 그저께는 혁신학교를 하려면 어떻게 하면 되는지, 그리고 엄마들의 역할이 얼마나 중요한지 이야기하면서 많이 반성했어요. 어떻게 보면 아이들을 학교로 몰아넣고 방치한 것이거든요. 학교에서 잘못한 것 있으면 찾아가서 따질 줄만 알았지, 학교에 어떻게 기여하겠다는 생각은 못 했어요. 너무 설친다는 느낌을 줄까 봐, 서로 눈치 보느라, 너무 바빠서 등 이유는 많았죠. 뭘 시작하면 끝까지 해야 하는데 그 책임지는 부분이 힘들었던 거예요. 이제는 조금씩 제 마음을 바꾸어가면서, 제가 원하는 아이들의 교육을 하기 위해서 사소한 거라도 엄마들이 스스로 할 수 있는 선에서 재능 기부를 하기로 했어요. 꼭 혁신학교, 대안학교여야 하는 게 아니라 조금씩 바뀌어갈 수 있다면 엄마들이 먼저 하자는 거죠.

아침에 아이들 등교 전에, 다 같이 차를 마신다고 들었는데요. 그렇게 하시는 이유가 궁금합니다.

김영태 일단 우리 집안은 술을 안 먹어요. 먹게 되더라도 좋은 술만 먹고 과음을 하지 않아요. 술을 마시되 취하지 않으려는 이유가 있어요. 문명적인 문제인데, 술을 마시면 열이 위로 뜨고 배가 차가워지죠. 배가 차가워지면 몸의 기능이 떨어지는 신체적인 문제도 있지만, 사람이 차가워져요. 열이 떠서 머리가 뜨거워지면 계산을 잘해요. 그러니까 열이 있는 곳이 중심이 되는데, 열이 배에 있으면 배가 중심이 되는 거고, 열이 가슴에 있으면 그곳이 중심이 되는 거고. 늘 술을 먹는다면, 열이 머리에 있을 텐데 머리가 하는 일은 계산이고, 너와 나를 구분하는 거니까 술 먹는 사람들은 파당을 많이 만들어요. 시골에도 수많은 파당이 있어요. 다른 파당과는 술을 안 먹어요. 그렇게 이익집단이 생기는 거죠. 기업 문화도 마찬가지잖아요. 고려시대까지만 하더라도 차를 마시고 술을 안 먹었어요. 그런데 조선시대에 성리학이 들어오면서 술 문화가 시작되고 파당이 발생하게 되죠. 한국 문명을 전환시킨 획기적인 사건이에요.

반면 차는, 그중에서도 발효차는 배를 따뜻하게 해줘요. 재미난 이야기가 있어요. 배가 따뜻한 사람은 너나 구별이 없어요. 모든 사람이 하나라고 생각해요. 동식물도 마찬가지고. 그러니까 배가 따뜻한 사람은 땅에서 착취를 못 하죠. 자연주의적인 삶을 살 수밖에 없어요. 또 다른 사람을 이용가능하다고 생각하지 않아요. 그리고 가슴이 따뜻한 사람은 감정을 이입시키지요. 자신이 어떤 가슴 아픈 경험을 하고 있다면, 같은 문제로 아픈 사람들에게 동병상련을 느끼는 거예요. 그렇지만 이런 감정을 느끼게 하는 대상에게는 엄청난 적개심을 가져요. 끝으로, 머리에 열이 있는 사람은 철저히 개인주의적이고 계산을 하죠.

기본적으로 태어날 당시의 유전자적 성격 이외에 덧붙여진 성격들은 음식 때문에 만들어진 거죠. 평소 음식을 짜게 먹느냐, 맵게 먹느냐, 술을 많이 먹느냐, 인삼을 자주 먹느냐……. 자주 먹는 음식에 따라 성격이 결정되죠. 배를 따뜻하게 해주는 대표적인 음식이 발효식품이잖아요. 그래서 늘 아이들에게 청국장을 먹이죠. 또 제가 먼저 일어나서 차를 만들어주고. 배가 따뜻한 사람이 되자는 거죠.

시골살이를 꿈꾸는 사람들에게 하고 싶은 이야기가 있다면요?

엄희진 요즘엔 농사를 체험할 수 있는 귀농학교, 도시 농부학교 이런 것들 있잖아요. 그런 걸 경험하는 게 중요해요. 저는 정말 아무것도 몰랐어요. 예전엔 남편이 일하고 있어도 뱀 나올까 봐 무서워서 밭에 못 들어갔어요. 그리고 막 욕심내서 이것저것 심기만 하고 거두질 않았는데 그것도 죄 같아요. 그런 것들을 통해 간접 경험을 해보고, 일단 자기가 잘 할 수 있는지 없는지 알아보면 좋겠죠. 제 경우엔 선배들 집에 들락거리면서 어, 이렇게도 살 수 있겠네, 하고 옆에서 보면서 살아본 게 도움이 되었어요. 관심이 있으면, 어느 정도 돈을 준비해서 2~3년 동안 농사만 지으면서 버티겠다는 생각으로 한번 해보는 게 어떨까 싶어요. 주변에 아는 사람이 있으면 더 좋고. 일단 해보는 게 중요해요. 그리고 아니다 싶으면 빨리 접는 것. 그것도 나쁘지 않다고 생각해요. 그리고 적당히 타협하는 것. 이를테면 서울서 살다가 괴산의 어느 농촌 마을에 내려와 살면, 적적하고 힘들어하는 사람들 아주 많거든요. 그럴 땐 중간 지점, 중소 도시나 괴산 읍내에 살면서 농사 좀 짓고, 잘 맞고 해볼 만하다 싶으면 더 시골로 들어가 농사만 짓고 살면 되죠. 일단은 자기가 선택한 것을 돌이켜 생각해보고 아니다 싶으면 접고 다른 방법을 생각해보는 것. 이게 중요해요. 있는 사실을 그대로 인정하는 거죠.

김영태 귀농지를 선택할 때는 이런 걸 생각하면 좋겠어요. 보통 사람들이 이사 올 때는 자연환경 때문에 이사 오거든요. 그런데 이

사 갈 때는 사람들 때문에 이사 가요. 거꾸로 말하면 귀농지는 자연환경 때문에 선택하면 안 되고, 사람 보고 선택해야 돼요. 자기 생활패턴과 맞는 동지나 사람이 있는 곳을 선택해야지 물 좋고, 공기 좋고, 돈벌이 할 수 있는 곳이라고 선택하면 안 된다는 거예요. 생계귀농이냐 전원귀농이냐에 따라 동네에 적응하는 게 달라지니까 사람으로 귀농지를 선택하는 게 맞아요. 귀농지를 선택했으면 그곳에서 활동하고 있는 사람들을 찾아가서 자기에게 맞는지 봐야죠. 면접을 봐야 해요.

귀농자들이 많은 곳에 살고 계신데, 귀농/귀촌 세태를 어떻게 보시는지요?

김영태 우선 이 이야기부터 할게요. 귀촌의 경우는 자신이 알아서 내려오는 경우가 많으니까 저는 귀농에 대해 이야기할게요. 귀농에는 여러 층차가 있어요. 도시에서 벌이가 넉넉지 않아서 오는 경우도 있고, 귀농의 농을 자연으로 해석하여, 자연으로 돌아가는 삶을 살기 위해 오는 경우도 있고. 겉으로 보면 같은 귀농이겠지만 이 두 가지는 분명히 다르죠. 경제적 수단을 바꾸기 위해 시골로 옮긴 경우는 도시에서 살던 패턴을 그대로 유지하려고 해요. 소비 생활, 문화 생활, 인간 관계까지요. 사는 곳만 시골일 뿐, 도시 사람과 같죠. 두 번째로 자연으로 돌아간다는 의미의 귀농을 한 사람들은 도시 생활에 염증을 느끼고 온 경우인데, 어떤 규모의 농사를 짓더라도 기본적으로 자연농법들을 하죠. 땅을 수탈하지 않기 위해 똥이나 오줌 거름을 만들고, 그 땅에서 뽑은 풀로 퇴비 만들고. 왜냐하면 유기농 비료라 하더라도 다른 데서 사다가 그 밭에 뿌리는 건 그 땅을 수탈했다는 거거든요. 농사를 짓고 나서 그 땅이 전 해보다 지력이 약화되었기 때문에 비료로 보충하는 거잖아요. 그건 순환농법은 아니에요. 그건 경제적 수단을 농촌으로 옮긴 상업농이나 사업농에 가까워요.

왜 이런 말을 하느냐면 이 문제가 지금 귀농에 대해 이야기할 때 중요한 부분이기 때문이에요. 초창기 귀농은 거의 다 자연주의적 삶을 선택하는 사람들이 시작했어요. 후에 IMF 터지고 나서 도시 환경이 어려워지면서 시골을 삶의 터로 삼고 일상을 유지하는 게 더 낫다는 생각으로 많이들 내려왔죠. 그런 사람들이 현재 90% 이상일 거예요. 그래서 시골의 문화가 도시화된 거예요. 지금의 시골은, 어떻게 보면 초창기 귀농의 모습들은 다 없어지고 귀농지가 다 사업화됐어요. 한살림, 생협 등으로 프로젝트화하여 다 사업농으로 바뀌었죠. 실제로 보면 이건 도시나 큰 차이가 없어요.

예를 들어, 제가 어떤 기업을 다니는데 회사가 생산비용을 절감하기 위해 오폐수를 그냥 내보낸다고 가정합시다. 그럼 저는 선택을 해야 해요. 그 사실을 알고도 계속 다니든지, 양심의 가책을 느껴 그만두든지. 제가 그만두더라도 누군가는 양심의 가책을 느껴도 계속 다니겠죠. 그런데 사람이라는 게 스스로 합리화를 할 수 있는 동물이잖아요. 먹고살아야 하니까 회사는 다녀야 하는데 계속 양심의 가책을 느끼면 아마 죽을걸요. 그래서 스스로 합리화를 해가면서 서서히 양심의 가책을 받지 않게 돼요. 그게 10년, 20년 하다 보면 어디 가더라도 양심의 가책을 안 느껴요. 잘 들여다보면 도시의 경제 순환이라는 게 결국 제로섬 게임이잖아요. 돈을 버는 게 아니라 사실 남의 돈을 뺏어야 하는 거죠. 당연히 자영업은 자영업대로, 기업은 기업대로 얄팍한 수를 다양하게 쓰게 되죠. 이게 도시의 문화인데, 거기에 젖어 있는 상태로 시골에 내려와 산다면 시골서도 똑같은 일이 벌어지는 거예요. 그런 모습들이 굉장히 많이 보여요. 지금껏 살아온 모습을 바꾸는 게 쉽지는 않겠죠. 그래서 수단만 바꾸기 때문에 도시처럼 되고 있어요. 여태까지 자본주의 시장 경제의 제로섬 게임에서 습득한 기술과 품성으로 일을 하는 거예요. 시골에 내려와 목수가 되었는데 하루를 자더라도 몸이 좋아지는 것을 고민하는 게 아니라 비용 절감하고 수입을 얻는 것에 그치는 거죠. 좋은 농산물을 생산해서 소비자가 먹고 몸이 좋아지는 것보다는 유기농 비료를 써서 어찌하면 소출을 많이 내서 돈을 벌지 고민해요. 귀농할 때 단순히 삶의 터전을 바꾸는 게 아니고 농사를 자연이라고 본다면 자신을 다 바꿔야 해요. 냉정하게 말해 귀농을 이사 정도로 생각하는 사람은 여기 자연을 파괴하러 오는 겁니다. 도시 자체가 더러운 게 아니라 그런 생각으로 일을 함으로써 도시가 그렇게 된 거잖아요. 한 사람만 그런 걸 부려도 다 그렇게 돼요.

안타깝게도 요새 들어오는 사람들은 초창기에 삶의 변혁을 외치며 귀농한 사람들에게 배우려는 생각이 없어요. 필요한 것만 얻으려고 하니까, 지도자가 없어졌어요. 예전에 자연주의적 삶을 선택한 사람들 사이에서는 지도자가 있었죠. 지금은 그런 지도자를 인정하지 않아요. 그런 리더십은 돈을 버는 것과 상관없으니까요. 이미 인간관계는 없어지고 '쩐의 전쟁'이 벌어지고 있죠. 귀농을 생각한다면 자기가 어느 쪽에 속하는지 개념 정리부터 해야 합니다.

지금의 생활에 만족하시나요?

김영태　그냥 생활이기 때문에 특별히 만족, 불만족을 생각하지는 않아요. 다만 아직도 제가 자급자족을 못 하고, 철저히 자연주의적 삶을 못 사는구나, 아직도 냉장고를 써야 하고, 돈을 벌기 위해 가스를 써서 작업을 해야 하고, 농사를 짓기 위해 씨를 사야 하는구나 생각하죠. 물론 지금 다 가능한 일이에요. 냉장고, 컴퓨터, 핸드폰, 전기 다 없애면 우리는 그 땅과 현재의 노동력으로 살 수 있어요. 그런데 전기가 없으면 애들을 학교에 어떻게 보낼 것인가 등 문제가 발생하니까 우선은 사용하자는 거죠. 조선시대까지만 해도 100% 자연적인 삶을 살았지만 현재의 저는 그 사람들이 갖고 있는 지혜와 방편들을 다 습득하지 못했으니까. 하다못해 부싯돌로 불 피우는 방법도 모르고, 다 오염되었으니 먹을 수 있는 물을 구할 수도 없고. 만일 세상에 전기가 없어진다면 다들 옛날 방식으로 돌아가겠죠.

엄희진　저는 앞으로도 그냥 이렇게 살고 싶어요.(웃음) 그냥 쌀만 안 떨어지고 살면 좋겠고, 돈 벌어야 된다는 강박관념에서 좀 많이 벗어나면 좋겠어요. 애들을 키우는 데도 사실은 고민이 많아요. 엄마, 나 이것 하고 싶어요, 저것 하고 싶어요, 그러면 그걸 꼭 돈으로 해결하지 않는 방법이 없을까? 그러면서 애들을 만족시킬 수 있는 다른 방법들을 고민하게 돼요. 그걸 잘 해낼 수 있을지는 아직 자신이 없어요. 애들을 키우는 데 어떤 것이 옳은 걸까? 예전엔 확신이 있었는데 점점 확신이 없어져요. 그때그때 최선이라 생각하는 쪽으로 가고는 있는데. 가령 깊은 산골짜기에 들어가 살고 싶다고 해도 애들한테는 친구가 필요하기 때문에 그럴 수는 없어요. 물론 아이들과 같이 농사도 하지만 강압적으로 하면 부작용이 생기거든요. 지금도 어느 정도 강압적으로 시키는 부분이 있죠. 주말에 애들이 학교에 안 가면 오늘은 같이 가서 감자 심자, 오늘은 너희도 집안 마당의 풀을 뽑아야 해, 그러죠. 좀 서툴지만 애들도 잘 해요. 일을 통해 먹고산다는 걸 지속적으로 알게 해주는 게 중요하다고 생각해요.

03

나무와 흙으로 집 짓는 목수 **정상용, 한승주 부부**

청천면 삼송리

다른 목수의 아내들은 어떻게 살까? 마당에서 혼자 놀고 있는 아이를 보고 있다가 궁금해졌습니다. 다들 나처럼 힘들까, 하고 말이지요. 남편은 몇 주, 몇 달씩 먼 데 가서 일하고, 혼자서 갓난아이와 시골집 건사하며 사느라 텃밭조차 일구지 못하고 살까? 귀농을 하는 젊은 남자라면 농부 다음으로 목수를 고려한다고 해요. 그래서 이 집에 갔습니다. 귀여운 자매를 둔 연상-연하 커플, 귀농자들이 많은 동네 등 구체적인 조건은 달랐지만 이분들의 이야기를 들으며 역시 가장 중요한 것은 마음가짐이라는 생각을 했습니다. 그렇게 저는 또 힘을 좀 얻었지요. 그 후로도 이따금 떠올리면서 그래, 이런 가족이 있지, 한답니다.

낭만의 크기만큼
책임의 크기를 지며 산다는 것

귀농/귀촌 전 어떤 삶을 살았고 왜 다른 형태의 삶(대안적 삶)을 꿈꾸었는지요?

한승주 대학 졸업 후 광고회사에 다녔어요. 흔히 말하는 독신을 꿈꾸는 커리어 우먼이었죠. 그러다 '풀꽃세상'이라는 커뮤니티에 가입하게 되었는데, 생각하는 게 남다른 분들을 알게 됐죠. 귀농한 분들이나 귀농을 꿈꾸는 분들도 많았고 점점 대안적인 삶에 대해 생각하게 되었어요. 그러다 결정적으로 서른 살이 되어 자신에게 선물을 하고 싶었는데, 그게 여행이었어요. 스물다섯 살에 1년 정도 여행을 했는데 그게 기억에 남아서 서른 살에도 여행을 가야겠다고 생각했죠. 3년 정도 적금을 모아 유럽에 두 달 다녀왔는데

성이 안 차서 다시 9개월 정도 네팔, 티베트, 인도 등을 갔죠. 그 여행에서 몸도 바뀌고 생각도 다 바뀌었어요. 그래서 그 뒤로 자발적 백수가 됐어요. 정말 하고 싶은 일을 하고 싶은데 경제적으로 자립하지 못해 부모님 댁에서 지냈어요. 손으로 만드는 일을 하고 싶어서 목공 공방에 다니면서 카페 아르바이트를 했죠. 그러다 2006년에 새만금 방조제 건설 반대 시위 때문에 부안에 내려가 있었는데, 거기서 풀꽃세상 회원인 남편을 만났고요. 잘 드러나지 않으면서 묵묵히 궂은 일을 하는 사람에게 약하거든요. 시골에 살려면 머슴도 필요할 것 같았고.(웃음) 귀농한 원인에는 배우자를 만난 것이 컸어요. 연애한 지 1년쯤 되었을 때 미래에 대한 이야기를 하기 시작했는데 아는 부부가 괴산에 귀농해 있었어요. 그때 같이 몇 번 놀러가면서 우리도 여기 어디쯤에 집을 마련해서 내려오자, 자연스럽게 이야기가 되었죠. 친구들이 그냥 그렇게 살고 있어서 뭘 준비해서 어떻게 내려오자 이런 계획도 없었고요. 이미 직장 다니면서 돈 버는 생활을 정리한 지 좀 되었기 때문에 두려움이나 막막함이 없었어요. 그냥 우리가 생각하는 대로 살면 되겠구나 싶었죠. 둘 다 가진 게 없었기 때문에 오히려 내려오기 쉬웠어요. 결혼 앞두고 안동, 상주 등을 돌아보다가 괴산에 들렀는데 빈집이 있었어요. 둘러보고 괜찮아서 그냥 여기 살자 했죠.

정상용 인권단체에서 일하다가 새만금 방조제 건설 반대 운동을 하면서 부안에 몇 달 내려가 있었어요. 열심히 했지만 싸움에서 지고 나서 그냥 거기서 그렇게 살아도 좋겠다는 생각을 했는데, 아는 형수님이 물길에 빠져 죽는 사고가 났어요. 마음에 타격을 크게 받아서 도저히 거기 못 있겠더라고요. 그래서 얼마 후 올라와서 직업학교를 알아봤죠. 한옥학교를 다니게 돼서 목수 일을 하게 됐어요. 목수라는 직업은 지역에 구애받지 않으니 어디 살아도 상관없었죠. 특별히 대안적인 삶을 추구한 게 아니라 평소 성향대로 자연스럽게 오게 된 거예요. 무슨 직장이 있는 것도 아니고 잃어버릴 것이 없었죠. 무일푼이니 도시에서 집을 구하는 것도 불가능하고. 그런데 시골에서는 세 없이 살 수도 있잖아요. 주변에 그렇게 사는 친구들이 있었어요.

귀촌해서 어려운 점이나 시행착오가 있었나요?

정상용 시행착오는 살면서 계속 있는데, 2년 전에 집에 불이 나서 다 타버린 일을 계기로 생각이 많이 바뀌었어요. 원래 재산에 대한 개념이 전혀 없었는데 화재 나고 나서 제 집이 필요하다는 생각이 들더라고요. 연세 100만 원에 살던 집인데 전기 누전이었어요. 주거 환경을 세입자가 살 만한 환경으로 만들지 않고 세를 준 경우라, 법적으로는 배상을 안 해도 되는 건데 집주인이 요구해서 배상을 했어요. 그런 과정에서 주거 환경의 중요성에 대해서 다시 생각해보게 되었죠.

아이가 둘인데, 시골에서의 육아나 교육이 힘들지 않은가요?

한승주 예전에 살던 집이 옛날 집이라 좁고 어두웠어요. 그런데 애는 계속 아프고, 한 시간에 한 번씩 깨니 잠도 잘 수 없고. 살도 많이 빠지고 병원에서 피검사도 받았는데 남편은 남편대로 집 짓느라 늦은 시간에 지쳐서 돌아오고…… . 육아 분담이라는 게 없었어요. 사실 여유가 있으면 불편한 것들이 덜 힘들잖아요. 부부가 드라마 보다가 방이 좀 추운데 불 좀 때볼까? 하면서 나무 옮기고 그러면 낭만이지만, 일하는 사람이 직접 나무 해서 화목 보일러 때면 엄청 힘든 일이 되죠. 일도 해야 하고 돈도 벌어야 하고 육아도 해야 하는데 생태화장실 똥도 치워야 한다, 이러면 무척 번거로운 일이 되잖아요.

그마나 여긴 아이들 기르기 좋은 동네예요. 우연히 선택한 곳인데 운이 좋았죠. 점점 젊은 엄마들이 늘어나서 아이들 도서관도 만들고 여러 가지 모임도 생기고, 도움을 많이 받았어요. 또 공동으로 하는 게 많아서 자연스럽게 공동체가 형성되기도 하고요. 그래서 다른 건 특별히 힘든 줄 모르겠는데 애들이 아직 어려서 그런지 병원 다니는 건 불편해요. 여긴 침 배우는 모임도 있어서 아프면 침을 놓거나 그러는데 둘째 아이가 너무 자주 아프니까 그럴 수도 없었거든요. 아이가 있다면 정말 지역 선택이 중요해요.

생계는 어떻게 해결하고 계신지요.

정상용　현재 마이너스 통장으로 생계를 유지하고 있습니다.(웃음) 집 짓느라고 빚을 좀 졌어요. 목수 일을 배운 건 이걸로 생계를 유지하겠다는 계획은 아니었고, 마침 결혼을 해서 아이들이 생기고 집에 불이 나서 제 집을 짓게 되었죠. 그러면서 돈에 대한 스트레스가 좀 생기긴 했어요. 이상과 현실은 다르니까. 요즘 목수는, 시골에 자기 집 짓고 살고 싶은 사람이라면 누구나 갖고 있는 로망이에요.

직장에 다니면 꼬박꼬박 월급이 들어오잖아요. 그러면 어느 정도 떼어서 저축하고, 그러면 또 언제까지는 카드빚으로 살아야 하고 등 계획이 되어 있잖아요. 그러니 직장을 그만두면 큰일 날 거 같은 생각이 들죠. 저도 그럴 줄 알았어요. 그런데 시골에 내려와서 여기 사람들이 월급 없이도 잘 사는 모습을 보니 저도 이젠 그런 거에 대한 두려움이 없죠.

그리고 저는 시골 가면 꼭 농사를 지어야 한다는 생각이 애초에 없었어요. 마을이 형성되는 방법에 대해 간디가 설명한 이야기가 있어요. 하나의 마을이 형성되려면 재판관도 있어야 하고, 식량을 생산하는 사람도 있어야 하고, 집을 짓거나 옷을 만드는 사람도 있어야 한다고요. 시골이라고 전부 농부만 있다면 나머지는 어디서 구할까요. 노동력이든 돈이든 어차피 외부에서 들여야 하는데, 외부에서 들인다는 것은 내부의 것이 빠져나가는 거잖아요. 그렇게 하나의 마을이 조화롭게 형성되면 경제적인 것은 중요하지 않게 되죠.

사실 시골이 일거리가 되게 많아요. 노임이 좀 싸서 그렇지. 처음에 여기 내려와서는 한동안 목수 일을 안 다녔죠. 그때는 마을에 부역을 나갔어요. 많이 주는 데는 하루에 8만 원, 적게 주는 데는

5만 원. 그런데 뭐 그 정도면 충분히 살겠더라고요. 마을에 농장에서 나오는 생산물 가공공장도 있고요. 여긴 젊은 농민들이 있으니까 시설재배를 해요. 그건 어차피 가족 단위의 영농 범위를 벗어나는 일이라 사람을 써요. 심지어는 용역에서 사람을 불러서 쓰기도 하고. 다른 동네는 어떨지 모르겠는데 저희 동네에서는 기름값 정도는 충분히 벌어요. 저도 예전에 절임배추 일이나 가공공장에 다니며 그럭저럭 살았어요.

한승주 요즘 '애테크'라는 말이 있듯이 두 아이 양육비로 34만 원 나오는데 그것도 도움이 되죠.

두 분은 마음가짐 자체가 재산이네요.

정상용 맞아요. 돈이라는 게 그렇잖아요. 어느 정도가 적당한지 그런 게 없거든요. 그러니까 마이너스로 살죠. 여긴 마이너스로 사는 사람들 태반이에요. 제가 크게 다치지만 않으면 목수 일을 나갈 수 있으니까 일 년에 100일에서 150일 일하면 경제적인 부분은 순리대로 풀리겠죠. 문제는 일이 없다는 거.(웃음)

한승주 돈이 없으면 굶어 죽는 세상에서, 재산 개념이 없이도 걱정 없이 사는 저 자신을 보면 학습이 많이 되어 있다는 생각이 들어요. 시골은 돈 없어도 굶어 죽지 않는 곳이기도 하고요. 그리고 이렇게 사는 것을 이미 경험했죠. 6개월 간 유럽여행 갔을 때. 거긴 좌파 성향의 히피 같은 사람들이 빈 건물을 점거해 쓴다거나, 토지를 점거해 작물을 재배하면서 사는 경우가 많잖아요. 어떤 사람들은 다 같이 자전거를 끌고 장에 나가 버리는 것들 모아서 그걸로 먹고. 그 사람들을 본 게 도움이 많이 되었어요. 독립하는 방법으로 이런 것도 있구나 했죠.

앞으로 시골에서 살고 싶은 사람들에게 해주고 싶은 이야기가 있다면요.

한승주　이따금 제 블로그를 보고 관심 있어서 오는 분들이 있어요. 아이들 교육하기도 좋고, 귀촌도 하고 싶고. 그런데 결국은 자신이 적극적으로 알아보는 사람들이 내려오시더라고요. 누굴 통해서 정보를 얻고 소개받길 바라면 못 오더라고요.

정상용　중요한 건 귀농, 귀촌이라는 것보다 일단 시골로 이사를 했으면 그 동네 일원이 되어 사는 거예요. 여기도 처음엔 휑했어요. 한 사람이 내려오고, 그 사람을 통해 두 사람이 오고, 그런 식으로 사람들이 많아지고, 아이들이 늘고, 식당도 생기고. 공동체라고 거창하게 만든 것이 아니라 마을 속에 들어온 거죠. 누가 먼저 뚫느냐는 문제거든요. 외로움 감수하고 그냥 살다 보면 나아지는데 못 버티고 자꾸 떠나니까. 하긴 여기는 농장이 있기 때문에 사람들이 많이 내려오기도 하죠. 요즘엔 각 지자체마다 귀농/귀촌 담당하는 사람이 생길 정도로 지원이 있으니까 힘들면 그런 데 도움받으면서 버틸 수 있어요. 마을에 어떤 구상을 가지고 있으면서 버티면 후발로 따라오는 사람들도 여기 좋네요 하면서 오고.

　우리 마을에 있는 농장처럼, 누군가 유기농을 하니까 사람들이

따라가요. 어떤 신념이 있어서가 아니라 자연스럽게 따라가요. 돈이 더 되니까. 세상은 바뀌는 거고. 옛날에는 사람들이 유기농을 굳이 찾지 않으니까 그런 거 하는 사람이 없었는데 지금은 동네 분들도 농장 사람들한테 물어서 유기농을 하세요. 가격이 더 좋고 농법이 더 쉬우니까. 벼농사의 경우 우렁이 넣으면 끝이니까 더 편하다고 그러더라고요. 하여튼 누가 먼저 하느냐가 중요해요.

아주 재미있는 게 기존의 마을 분들이 아무리 오랫동안 관행농을 하셨더라도 유기농으로 성공하는 걸 보면 같이 하게 돼요. 소위 귀농하는 사람들이 머리를 키우고 들어오는 경우가 많잖아요. 농약이나 제초제 쓰면 안 되고, 비닐 안 치고 유기농으로 길러서 좋은 거 먹겠다면서 밭은 엉망으로 만들어놓고. 그런데 유기농을 하면서도 밭이 깨끗하면 아무도 말을 못 해요. 그건 부지런한 거거든요. 그분들과 다른 게 아니라. 도시에서 살다 온 사람들은 시간 개념이 조금 없어서 시기를 놓치기도 하고, 처음 하는 일이니 서툴기도 하지만 기본적인 것만 잘 지켜서 성공하기만 하면 아무도 터치 못 하고 참견 못 해요. 시골 분들 무척 단순하거든요. 그리고 또 순박한 양반들이어서 누가 그렇게 하면, '예전에도 그렇게 하던 사람들 있었어. 그렇게 하다 망해서 갔어' 하죠. 그걸 봤기 때문에 안 된다고 그러는 거예요.

건너 동네에 이사 온 분이 있는데 노지 고추만 유기농으로 3,000평을 해요. 할머니들이 괜히 풀밭 만들지 말라고 그랬는데, 매일 새벽같이 일어나서 일을 한 거예요. 나중에 보니 유기농인데 양도 많이 나왔고, 할머니들 고추보다 훨씬 비싸게 받고, 밭도 깨끗하니 인정받았죠. 보통 낭만은 있는데 책임을 안 져요. 그러면서 농사 힘들다고 안 된다고 우울증 걸려서 도시로 돌아가고. 그건 좀 아니죠.

시골로 이사했다가 재밌게 놀다 가도 되죠. 직업을 유지하면서 주말 부부로 사는 것도 괜찮다고 생각해요. 그래도 마을이 간직한 상처, 그런 건 생각해야 해요. 사람들이 왔다가 부초처럼 떠나면 상처가 쌓이거든요. 전라남도 부안, 변산반도 그쪽에 사람들이 꽤 많이 왔다 가요. 변산 공동체가 있으니까 귀농자들도 많고. 공동체를 통해 마을에 들어오는 사람들도 많은데 젊은 사람들이 왔다가 사라져버리고 집은 비워져 있고 하니까 원주민들한테 상처가 많이 남아 있어요. 그런 일이 자꾸 생기는 건 마을 사람들이 악해서가 아니라 들어간 사람들이 잘 못하기 때문이거든요. 아주 안 좋죠.

나이 드신 분들 간에 약간은 알력이 있기도 해요. 그래도 힘들면 힘들다고 내색하면서 도와달라고 하면서 친해지려고 노력하면 돼요. 잘난 척하지 않고 열심히 살면 동네 사람 되는데, 좀 으스대고 그러면 동네분들이 안 끼워주세요. 이를테면 도시에서 왔어도 동네에서 잘 사는 사람들 보면 지저분해요. 시골이 원래 그렇잖아요. 그런데 동네 사람들이랑 담 쌓고 사는 사람들 집은 마당도 그렇고 깨끗해요. 집이 딱 별장 느낌이에요. 마을 사람들도 건너가지 않고 회의가 있어도 부르지 않게 되죠. 저는 살던 집이 다 타서 동네 사람들이 봐준 거 같아요. 저 사람은 좀 도와야겠다, 그러면서. 땅 구한다고 막 소문을 내고 다녔거든요. 이 터가 원래 마을 땅이었어요.

시골에서의 삶에 만족하나요?

한승주　어릴 때 꿈이 실현되는 기분이에요. 초등학교 때부터 시골서 집 짓고 살고 싶었거든요. 어릴 땐 조각가, 작가, 화가 같은 꿈도 있었고 꽃집도 하고 싶었는데, 지금은 정원 가꾸면서 그림책 작가 하면 좋겠다 싶기도 하고요. 남편은 살다가 재미없어지면 다른 데 갈 수도 있다지만, 저는 여기서 늙는 거 상상하고 그래요. 애들 다 키워서 떠나보내면 어떤 모습으로 여기 있을까 싶고. 그리고 집에 목공일 할 수 있는 작업장이 있잖아요. 지금은 못 하더라도 나중에 제가 만들고 싶은 것들을 해보고 싶어요. 단순한 나무박스부터 시작해서 선물용으로 만들고 싶은 게 많거든요. 남편이 어느 정

도 제 꿈을 도와줄 거 같아요. 이런 식으로 저는 어렸을 때 꿈을
하나하나 이뤄가는 중이에요.

04

자연을 노래하는 가수 **사이**
문광면 신기리

아마 귀농에 관심 있는 분들은 다 아실 겁니다. 가수인 사이 님은 사실 이 바닥에서는 유명인사죠. 저 역시《귀농통문》등에서 이분의 글을 여러 번 읽었는데요. 노래도 좋고, 글도 좋고, 만나 보니 이야기는 더 좋았습니다. 몇 달 뒤, 사이 님이 우여곡절, 고군분투 끝에 막을 올린 제3회 '괴산 페스티벌'에도 찾아가 신나게 놀았습니다. 동네 아이부터 어르신까지, 도시에서 내려온 캠핑족과 타 지역의 이웃들까지 가족처럼 한데 모여 늦은 밤까지 음악을 즐긴 동네 축제였습니다. 우리나라에 이런 축제가 있다니! 기회가 된다면 꼭 한 번 가보세요. 성원과 후원도 아끼지 맙시다.

겁 먹지 않고
원하는 방식으로 산다

귀농/귀촌을 하시게 된 과정을 소개해주세요.

서울에서 길거리 밴드 할 때인데, 멤버 중 한 사람이 다큐멘터리 좋은 걸 발견했다면서 다 같이 봐야 한다고 그러더라고요. 자기가 자막 넣고 친구들 다 불러 모아서 상영했어요. 〈End of suburvia〉, '교외의 종말'이라는 석유 문명에 관한 다큐였어요. 미국에선 도심이 아니라 좀 벗어난, 차를 타고 가야만 갈 수 있는 가짜 시골에서 살잖아요. 미국도 원래 철도가 잘 되어 있었는데, 포드 같은 자동차 회사가 철도를 다 사들인 다음 그걸 전부 없애고 자동차를 소비할 수 있게 한 거죠. 오일 피크 문제를 보면서 아, 이런 게 석유 문명이구나, 알게 되었죠. 그게 시발점일 거예요.

당시 길거리 밴드 하는 친구들이랑 지내면서 나름 재미있게 잘 산다고 생각했는데 충격을 좀 받았죠. 남들과 똑같이 살지 않아도 된다는 자신감은 있었지만, 기존 시스템에 대한 불만도 있고, 그동안의 생활이 좀 지겹기도 할 때였어요. 그러면서 자연스럽게 시골에서 살면 어떨까, 서울을 떠야겠구나 그런 생각을 했죠.

제가 마지막으로 다닌 직장이 인드라망 생명 공동체인데, 거기 귀농학교가 있어요. 실상사에 현장 실습할 수 있는 학교나 지역 공동체도 있었고. 제가 귀농학교 담당간사였을 때 학생으로 온 아내를 만났죠. 우리가 원하는 삶을 사는 것처럼 보이는 사람들을 찾아다니다가, 산청에 빈집이 있다고 해서 바로 내려갔어요.

그때 아내가 스물다섯이었는데, 귀농학교에서도 보기 드문 젊은 나이였어요. 서울에 있을 때 환경단체에서 잠깐 일했는데, 어릴 때부터 시골에 살고 싶었대요. 남자들은 논리적인 배경이 있잖아요. 거창하고 철학적인. 그런데 여자들은 좀 다르더라고요. 제 아내도 그냥 시골이 좋아서 살고 싶었다고 하대요. 그리고 시골에 사는 방법도 교육이나, 생활하는 방식이나, 농사짓는 일이나, 주거 형태 등 여러 가지가 있는데 아내와 생각이 다 비슷했어요. 그래서 만난 지 6개월 만에 내려오게 되었죠.

그 시절에는 주변에 세 가구 정도가 더 있었는데 세탁기가 한 집도 없었어요. 냉장고는 한 집에 조그만 게 하나 있었고. 매주 한 번씩 글쓰기 모임, 그림 그리는 모임을 아이, 어른 다 같이 했죠. 아이들도 전부 홈스쿨링 하고 있어서 제가 밴드 교육도 하고, 우리끼리 잡지도 만들고, 연극도 하고, 재미있게 지냈죠. 저는 산청에서 산다는 것의 엑기스를 경험했다고 생각해요. 생활 자체도 그런 근본주의적 삶을 살아봤기 때문에 견딜 수 있는 큰 도움이 되죠. 지금은 그런 방식을 버렸지만, 그게 나쁘다고 생각하지는 않거든요. 그런 경험도 되게 재밌죠. 3년 동안 엔진톱 없이 장작 만들어 구들을 땔 때 경험이 지금까지 음악을 하는 데도 도움을 주지만 그것보다 더 중요한 게 있을 거라 생각합니다.

처음 정착할 때 집은 어떻게 구했나요?

처음 살던 집은, 친구 부모님이 살던 집을 어떤 사람이 샀는데 비어 있다는 이야기를 듣고 주인한테 말했더니 무료로 한 3년 살아도 된다고 해서 들어갔죠. 그러다 오해가 좀 생겨서 그 집을 나가야 했어요. 처음에는 싸우기도 하고, 반박하는 글도 쓰고, 다른 데로 이사 갈까 고민도 하고 그랬는데 이장님이나 동네 분들이 이 기회에 땅을 사서 정착하라고 권하시더라고요. 그래서 마을에서 좀 떨어진 좁은 골짜기에 땅을 사서 무허가로 급하게 집을 지었죠. 아이를 집에서 낳고 싶었거든요. 대숲에 '불립소'라고 너무 낮아서 서 있을 수 없는 집이 있었는데 전에 그림 그리는 사람이 허술하게 지어놓은 집이에요. 거기 비닐하우스 치고 살면서 냇가에서 빨래하고 물 길어다 밥해먹고 살면서 집을 짓기 시작했어요. 자급자족하고 싶어서 시골에 내려가 살면서부터 세탁기, 냉장고 등 전자제품은 거의 쓰지 않고 살았어요.

아내는 전기도 쓰지 말자고 하는 사람이라 지금도 나무집을 좀 더 친환경적으로 짓고 싶다고 해요. 보통 인슐레이션이라는 유리 섬유를 넣잖아요. 그것도 그리 나쁜 재료는 아닌데 쉽게 썩지는 않죠. 보온재가 쉽게 썩는 경우는 드물거든요. 돈이 많으면 차라리 중간을 띄우고 이중으로 지을 수도 있어요.

보통 시골살이를 시작하면 힘든 일이 많아 부부간 불화가 생긴다고 하는데요.

저는 시골에 살아서 싸웠다고 생각하지 않아요. 둘 다 고집이 세서 싸운 거죠. 애 낳고 나서 아내는 계속 젖 먹이고 잠도 못 자고 힘드니까 '옆에서 어찌 그리 잠을 잘 잘 수 있냐' 하고, 저는 '그럼 애가 엄마 찾지, 아빠 찾냐' 그러면서 싸우죠. 이런 건 어디에 있어도 싸우는 문제잖아요. 시골 삶에서는 둘 다 불만이 없어요.

생태 근본주의자로 살다가 왜 방향을 바꾸게 되었나요?

원래 아내랑 저랑 시골에 갈 때, '어떻게 하면 더 행복하게 살 수 있을까? 지금 행복하지 않은데 시골에 가면 더 행복해질 수 있겠다' 그런 생각들을 했어요. 그리고 '아이가 행복하려면 학교도 안보내고 자기가 하고 싶은 것을 할 수 있도록 해주면 어떨까? 병원에 가서도 낫기보다는 병을 더 얻어오는 느낌인데, 이런 것도 스스로 해결하면 어떨까?' 이런 고민들. 문화도 소비만 하는 게 아니라, 비싼 페스티벌 가서 20만 원 넘는 돈 주고 구경하는 게 아니라 옛날 사람들처럼 문화도 자급자족할 수 있지 않는가. 그런 고민들 때문에 시작했는데, 그렇게 고민하다 보니 제가 대단한 사람이 되려고 그러나 싶은 생각이 들었어요. 실제로 대단했죠, 어느 정도는. 하지만 그보단 행복한 게 더 중요한데, 남들과 담을 쌓고서 행복해진다는 게 어렵더라고요. 가령 도시에서는 오해가 생겼을 때 피하는 편이었는데 시골에서는 그렇게 살기가 힘들어요. 싸우는 것도 싫지만 싸워서 이겨도 괴로워요. 우리처럼 살지 않는 사람들을 욕하기도 했고요. 자칫하면 망상이나 미신에 빠질 수 있겠다는 생각이 들더군요. 그래서 이제 속세로 나가자, 그렇게 된 거죠. 그렇게 산청을 나와서 아는 분 통해 악양에서 차 만드는 일을 하면서 살 데를 찾기 시작했어요.

농사일도 처음 시골 내려갈 때는 농사일을 하되 하루에 서너 시간 이상은 하지 않고, 농산물을 팔지도 말자고 생각했어요. 300평 정도니까 좀 넓은 텃밭이었죠. 지금은 500평인데 감당을 못 해요. 아내랑 저랑 삽으로 뒤집는데 밭 하나 만드는 게 힘들어요. 잘 안 돼도 만족하면 되는데, 남들과 비교하면 안 되죠. 그러니까 근본주의 그 자체가 나쁘다기보다는 사람들과 벽을 쌓게 되고 나만 잘났다고 남을 무시하는 게 겁이 났어요.

원래 도덕주의자들을 안 믿기도 하지만 산청 시절을 통해 저는 깨달음을 얻고 나왔다는 생각이 들어요. 그래서 지금 타락하는 것도 괜찮다고 생각하는데, 근본주의도 살아보면 얻는 게 아주 많아요. 우리도 더 살아보고 실력이 좀 생기고, 마음에도 남들 무시하지 않을 정도로 굳은살이 생기면, 다시 그렇게 살게 될지도 모르죠. 괴산에 와서는 김치냉장고도 쓰고 스마트폰도 써요. 집에서 와이파이도 되니 타락했죠.(웃음) 하지만 지금은 이렇게 사는 게 좋아요.

농사는 어느 정도로 짓나요? 주 수입원도 궁금합니다.

일단 저는 시골에 내려온 게, 농사를 짓는다거나 직업을 바꾸러 온 게 아니라 가기 싫은 직장에 안 다닌다든지, 하기 싫은 일을 안 하고 제가 살고 싶은 대로 살려고 왔어요. 그냥 남들이 정해놓은 대로만 사는 데 불만이 좀 있었죠. 규격에서 탈피하고 싶은 마음이라기보다는 자급자족하고 싶었어요. 물론 농사도 자급자족하고 농산물을 팔 수도 있지만, 그렇게 하려면 책 볼 시간, 영화 볼 시간, 애랑 놀아줄 시간이 줄어들게 되죠. 공짜는 없거든요.

저는 선택이라는 게 뭔가 얻는 거라고 생각하지 않고, 무엇을 버리는 거라고 생각해요. 그래서 어느 것이 더 나에게 행복을 주는가 하는 질문을 하고 현금은 좀 없더라도 여유가 있는 생활을 선택했어요. 전업농으로서 너무 힘들게 사는 분들을 많이 보기도 했고, 또 우리가 시골 분들처럼 농사를 지을 수도 없다고 생각했죠. 부지런한 사람들도 저렇게 힘들어하는데 게으른 내가 어떻게. 그렇게 생각하니까 속이 편하더라고요. 만약 현금 필요하면 겨울에 어디 도시에 가서 접시라도 닦으면 되니까. 실제로 유기농 배 농장에 애랑 이웃 식구들이랑 전부 가서 돈 벌어오고 그랬어요.

그렇지만 자급자족의 실현은 아직도 요원하죠. 시스템으로부터 완벽하게 독립할 수 있을 거라는 환상을 갖고 있었는데, 어쩌면 그게 자연스럽지 않다는 생각이 들었어요. 지금은 수렵채집 시대가 아니기 때문에 완벽한 자급자족은 불가능해 보여요. 그런데 시골에 살다 보니 더 큰 문제가 있더라고요. 돈이 진짜 무서워요. 그 때문에 사람이 순식간에 망가지잖아요. 행복하려고 내려왔다가 고생만 한다든가, 부부 사이가 깨진다든가 하는 것을 많이 봐서 돈 앞에 주눅들지 않는 태도가 필요하다고 느껴요. 돈에 매몰되지 않는 가치관을 가지고, 어느 정도는 가난해도 괜찮다는 자신감만 있으면 작은 농사나 자급자족을 꿈 꿀 수 있을 거예요. 사실 뭘 해도 먹고살 수는 있잖아요. 산 입에 거미줄 치랴. 어떻게 해도 먹고는 살더라고요.

사실 시골에 살면서 농사를 대충 지으면 동네 분들은 안 좋게 생각해요. 산청 살 때는 아주 형편없는 놈으로 봤죠. 왜냐하면 그때는 제가 자급자족이 꿈이었기 때문에 여기 뭐 하러 왔냐고 물으면 뭐 농사나 짓고 살려고 왔다 그랬는데 그게 잘못이었어요. 농사지으려면 한 열 마지기는 해야 되는데 밭에서 깨작깨작 대면서 그런 말을 하고 있으니 그게 어르신들한테는 멍청한 놈으로 보인 거죠. 그런데 괴산에서는 아예 제 정체성을 음악가로 소개하고 '저는 음악 하고 돈은 그걸로 법니다' 그렇게 말하면 아무 말 안 해요. 지금은 그걸로만 생활비를 버니 전업 가수죠. 계획한 건 아니고 어떡하다 가수가 되어 이렇게 됐죠.

육아나 앞으로 아이 교육에 대해 어떤 계획이 있는지요?

아들 느티가 학교를 안 다니면 좋겠다는 마음도 있어요. 왜냐하면 저는 대학을 안 다녔지만, 어디 가서 꿀려본 적도 없고 삶이 꽤 괜찮았다고 생각해요. 나중에 느티가 음악을 하면 좋겠다는 생각도 해요. 저하고 밴드도 하고. 이게 진짜 재미있는 일이거든요. 자기가 해보면 알아요. 이게 얼마나 대단한 일인가를. 그래서 느티도 예술을 하면 좋겠고 아예 학교를 안 보내고 싶은데 문제는 애가 좀 심심해하더라고요. 그래서 지금은 어린이집에 보내고 있어요. 어린이집은 학교랑 다른 문제이긴 한데, 안 그러면 부모도 자기 시간이 없어서 힘들기도 하니까요.

또 외동이라 주변에서 외롭지 않겠냐 하시는데 저도 혼자 자랐지만 특별히 외롭지는 않았거든요. 사촌도 있고, 책 속에 친구들도 있고, 부모랑 대화할 수도 있고. 고독하면 오히려 예술적인 감성을 키워줄 수 있다고 생각해요. 그리고 사실 자기가 어느 정도 돌아다닐 수 있는 나이가 되면 다니면서 많은 사람을 만날 수 있어요. 요즘은 홈스쿨링이나 대안학교 다니는 친구들도 많고, 홈스쿨링 하는 친구들끼리도 네트워크가 있어요.

실제로 산청에서 그렇게 자란 아이들과 지냈어요. 같이 음악을 해보면 아무리 어려도 말귀를 알아들어요. 그리고 책을 많이 보니까 웬만한 대화가 다 돼요. 열 살짜리 아이가 《월든》 이런 걸 읽었으니까. 심심하니까 집에 있는 책을 보는 거죠.

그 밖에도 주변에서 학교 안 다니고도 애들이 얼마나 괜찮게 자

라는지 많이 봤어요. 처음 만났을 때 기타로 자작곡 대결을 한 열 살짜리 남자애가 있는데 그 애가 초등학교를 2주인가 다녔대요. 선생님이 쓰레기 버리지 말고 주워서 주머니에 넣으라고 하면, 보통 한 귀로 듣고 한 귀로 흘리잖아요. 그런데 그 아이는 집에 올 때마다 주머니에 쓰레기가 가득한 거예요. 그런 애가 학교 다니면 놀림받기 십상일 텐데, 그런데 또 그 아이가 여덟 살 때부터 그린 그림을 모아서 그림책을 세 권 냈어요. 부모님이랑 가족들끼리 출판사를 등록해서 냈는데 그 일로 볼로냐 국제 도서전까지 다녀왔어요. 그 아이가 말하길, 외롭다는 게 뭔지 자기는 몰랐대요. 자기는 늘 혼자 있었으니까 사람은 원래 그런 줄 알았대요. 외로움이란 말이 있는지 나중에 알았다고 하는데 뭔가 머리를 댕, 하고 치는 느낌이었죠. 또 어떤 여자아이들은 집에 자기들이 만든 종이 인형으로 가득했어요. 엄마가 인형을 안 사주니까 자기들이 직접 만들어서

방 하나를 완전히 상상의 공간으로 만든 거죠. 그러니까 아이들 심심한 걸 너무 어른들 입장에서 미리 걱정할 필요가 없어요. 아이들은 어떤 상황에서도 재미있는 걸 만들어내더라고요.

사실 주변에서 보니 아이는 부모 영향을 제일 많이 받아요. 특히 시골에 엄마 아빠가 늘 집에 있는 가정에서는, 부모가 생각하는 그대로 물려받아요. 무언가를 직접 같이 하지 않아도 엄마 아빠랑 늘 얘기하고 옆에서 늘 보잖아요. 아빠가 목수인 집에 가면 아이가 망치 두드리며 놀고, 노조 하시는 분 집에 가면 경찰하고 싸우는 놀이를 하더라고요. 동물과 똑같은 거 같아요. 항상 부모를 보고 자라니까 자연스럽게 그 영향을 받더라고요. 무서운 일이죠.

귀농/귀촌에 대해 하고 싶은 말이 있다면요?

저도 사실 이런 비슷한 종류의 이야기를 할 때가 됐다고 생각하는 게, 보통 시골에 오는 사람들이 농사를 너무 많이 생각하다 보니까 삶이 좀 딱딱해지는 거예요. 시골에 꼭 농사짓는 사람만 필요한 게 아니거든요. 다양한 사람들이 있어야 재밌고, 재밌어야 젊은 사람들도 내려올 텐데……. 힘들더라도 해소할 수 있는 순간들이 있어야 하잖아요. 그래서 제가 '괴산 페스티벌'이란 걸 만들었는데요. 그냥 시골 사람들을 위해 만든 게 아니라, 문화적으로 욕구가 있는 사람들을 위해 만든 거예요. 나중에 거대한 페스티벌, 대안운동으로까지 갈 수 있을까 하는 생각도 해봤어요. 어떤 식으로든 저항이니까. 뭔가를 반대하고 욕하는 게 아니라, 새로운 뭔가를 보여주는 것이 중요하거든요. 이미 그렇게 살고 있는 사람들도 있으니, 그런 사람들을 좀 모아보면 어떨까 해서 시작했죠.

사실 지금 젊은이들, 20대들의 문제를 많이 이야기하는데 대부분 겁을 먹어서 나오는 문제라 생각해요. 부모 스스로도 겁을 먹고, 사회가 청소년들한테 너무 겁을 주니까 그런 걸 좀 없애는 작업이 필요하다, 우리가 시골에 가서 그걸 보여주자고 생각했어요. 또 이웃들과 이런 이야기를 많이 했어요. 뭔가 문제가 있어서 투덜댈 수는 있는데 너무 부정적인 어휘가 많다는 것. 분쇄하자, 쳐부수자, 규탄한다 뭐 그런 안 좋은 말을 하는데 이미 권력을 잡고 있는 쪽에서는 아름다운 새만금이니, 환경을 살리는 사대강이니 하면서 새로운 청사진을 내요. 좋은 말을 선점하니까 이쪽이 지는 거예요. 듣는 사람 입장에서는 좋은 말이 더 좋잖아요. 그러니까 불만이 있으면 불만만 얘기하지 말고, 새로운 것을 살아내는 사람이 있으면 돼요. 저도 밴드 할 때 멤버들 보면서 자신감을 얻었고, 학교 안 다니면서도 잘 큰 아이들 보면서 자신감 얻었고, 혼자 사는 사람들 보면서 자신감 얻고, 돈 없이 잘 사는 사람들 보고 자신감 얻고, 냉장고 없이 사는 사람들 보고 이렇게도 살 수 있다는 자신감을 얻어요. 그렇게 사는 사람들을 보면 두려움이 빨리 없어져요. 그리고 자기가 재미를 느끼는 걸 하면 견딜 수 있는 힘을 주죠. 유럽에 초청받아 공연하러 갔는데 연출가가 이런 말을 했어요. 정치적인 메시지를 재미있게 풀어내는 것은 네가 이길 수 있는 요소다, 참 마음에 든다, 그랬어요.

겁먹지 말라는 것. 제가 엄마를 진짜 존경하는데 굉장히 긍정적인 분이고, 그 때문에 잘 사세요. 늘 '산 입에 거미줄 치겠느냐' 그러셨죠. 남들과 다르게 살려면 자존감이 있어야 가능한데, 그러려면 겁을 안 먹어야 되죠. 각자의 방식대로 살아도 된다는 것에 저는 내기를 걸 수 있을 만큼 믿어요. 살아봤으니까. 특히 젊은 친구들한테 이런 이야기를 전하고 싶어요. 자기가 하고 싶은 일을 하는 것이 인생의 반 이상은 성공한 거라고. 그러니 뭐가 될지보다는, 뭘 하고 싶은지 찾아보라고요. 아무리 하고 싶은 게 없는 사람이라도 매순간 원하는 게 있거든요. 저는 1년 이상 멀리 내다보는 계획을 세워본 적이 없어요. 제 경우는 경험상 아무 쓸모가 없었어요. 그런 것보다는 당장 음식점에서 김치찌개를 먹고 싶은지, 순두부를 먹고 싶은지 선택하는 거죠. 처음엔 풀밭처럼 보이더라도 매순간 그런 선택을 하다 보면 나중에 오솔길처럼 길이 되거든요. 데릭 존슨의 책《네 멋대로 써라》를 재미있게, 눈물 찔끔 흘리면서 봤는데 거기 그런 말이 나와요. '네가 하고 싶은 것을 찾아라. 우리가 뭔가와 싸워야 할 가치가 있다면 그 하나밖에 없다. 네가 하고 싶은 것을 막거나 못 하게 하는 것과 싸우는 것.'

그리고 영화 〈인 투 더 와일드〉를 추천하고 싶네요. 모든 걸 버리고 알래스카로 떠나는 인물에 관한 영화인데 시골살이에 관심 있는 사람이라면 아마 어떤 영감을 받을 수 있을 거예요. 제가 그 영화를 패러디해서 저를 슈퍼백수라고 소개하죠.

귀농/귀촌에서 얻은 것과 잃은 것이 있다면요?

일단 산청에 살 때 몸매가 좋았죠. 지금도 배 나온 걸 싫어해서 제 몸매에 대한 만족감이 있어요. 하기 싫은 일은 안 하고, 낮술을 아무 때나 마실 수 있는 것도 좋고, 집에서 놀아줄 수 있으니 아이가 자기 아빠를 좋아한다는 것도 좋고. 집 비울 때도 많지만 아무래도 직장 다니는 아버지들과는 다르죠. 가끔은 남들한테 미안할 정도로 좋은 점이 많아요. 제가 너무 편하게 살고 있나 하는 생각이 들 정도로요. 언제까지 이런 음악을 하고 살지도 모르겠고, 미래에 대한 두려움도 있어요. 하지만 어른들이 걱정하는 것만큼은 아니에요. 저는 그래도 다음 세대에게서 희망을 봅니다. 무조건 한 살이라도 젊은 사람들이 낫다고 생각하기 때문에 아마 앞으로는 많은 게 달라질 거예요. 젊은 사람들이 많이 내려와서 시골도 더 재미있어지고, 다양한 모습으로 살게 되지 않을까요? 그러니 너무 겁먹지 말고 하고 싶은 걸 하며 삽시다, 우리.

단기적인 계획이 있다면 소개해주세요.

올해는 피아노를 꼭 배우고 싶어요. 피아노를 읍내에서 한두 달 배워봤는데 진짜 좋은 악기더라고요. 소리가 진짜 좋아요. 코드 세 개를 배웠는데 한 시간 동안 코드 세 개를 계속 쳤어요. 너무 듣기 좋아서. 피아노는 아주 좋은 악기예요. 그래서 언젠가는 피아노로 반주한 앨범 하나 만들려고요.

05

만화방과 게스트하우스 주인 **양철모**
문광면 신기리

건너 마을에 만화방이 생겼다는 소문을 듣고 '도대체 어떤 사람이?' 하고 주체 못할 호기심이 들었습니다. 부랴부랴 인터넷 카페를 찾아 만화방과 게스트하우스의 실체를 확인하고, 연락처를 수소문하여 양철모 님을 만났지요. 직업상 서울과 괴산을 오가며 생활하고 있는 이런 형태를 스스로 '반촌'이라고 부르는 것도, 정체성을 잃지 않고 마을에 스미는 모습도, 일하는 방식도 참 신선했습니다. 양철모 님의 진지하고도 호쾌한 이야기를 도시 사람들, 귀농/귀촌한 사람들 모두에게 들려드리고 싶습니다.

마을에 만화방을 낸 이유,
나누어야 더 즐겁다

열다섯 가구 정도가 사는 작은 마을에 만화방을 차린 동기가 궁금합니다.

계기가 아주 많은데, 우선 근본적인 계기를 말할게요. 프랑스에 앙굴렘 만화 축제라고 있는데, 저희 부부가 전시 디렉터로 가게 되었어요. 신혼여행을 못 간 터라 그 김에 네덜란드나 북유럽 쪽을 여행하기로 했죠. 관광하러 간 건 아니라서 지인들 집에서 지내며 다녔는데, 동독에 유학 중인 친구가 있었어요. 기숙사 생활을 하는 친구라 저희는 교회 아는 분 집에 머물게 되었는데, 그 집에서 자고 아침식사를 하는데 거실에 호두가 가득하더라고요. 왜 이렇게 호두가 많으냐고 물으니까, 마당 한가운데 이만 한 호두나무가 있는 걸 보여주셨어요. 그걸 증조할아버지가 심었대요. 그때 우리 애가 세 살 무렵이었는데 '아이한테 나무를 물려주자, 그러면 열매를 주변 사람들하고 계속 나눠먹을 수 있겠구나, 그러려면 땅을 사야겠다' 그런 생각이 들었어요. 착하게 시작했죠.

우선은 그런 동기가 있었고 아는 분을 통해 충주에 왔다갔다 하다가 괴산에 있는 어떤 집을 소개받았는데 그 집을 당시 1,900만 원에 살 수 있었어요. 도시에 산다는 것 자체가 청년들이 아무리 돈을 벌어도 자본의 착취에서 벗어날 수 없다, 뭐 이런 생각까지는 아니더라도 결국은 부를 축적한, 집을 가진 사람들한테 월세를 갖다 바치는 형국이잖아요. 우리 부부는 작가니까 경제적으로 풍요롭지 않고. 지금도 서울에 살고 있는 집은 보증금 1,000만 원에 월 40만 원짜리 월세예요. 그런데 보통 대출받아서 전세를 옮기거나 아파트를 사는데 우린 대출도 안 되거든요. 그러면 차라리 시골에 집을 사고, 앞으로 집에 대한 욕망을 떨쳐버리자, 그런 생각을 했죠. 그래서 아내가 그 집을 샀고, 나중에 또 제가 이 집을 사게 되었어요. 주 살림집으로 서울 홍대 근처에 살면서 특별한 일 없으면 주로 여기 내려와 지내고 있습니다.

여기에 꾸민 만화방은 어떻게 보면 사실 핑계예요. 귀농이 아니라 그냥 귀촌하는 사람들이 많은데 마을 공동체의 견고함에 따라서 대부분 그 공동체에 순응적으로 개입하는 경우가 많더라고요. 사실은 귀촌자들끼리도 뭉치는 즐거움 같은 것이 있어야 하는데, 너무 마을 공동체 쪽에 들어가 있다 보니 개인과 공동체를 적절히

조율할 공간이 있으면 좋겠단 생각이 들었어요. 그래서 만화방을 핑계로 이런저런 이야기를 할 공간으로 삼으면 어떨까 싶었죠.

서울과 괴산을 오가는 형태도 그렇지만 동기 또한 특이하네요.

혹시 《고래가 그랬어》라는 아이들 보는 만화책 아세요? 제가 거기서 사진 찍는 일을 하고 있는데, 사실 저 책이 서울 중심이거든요. 거기 담긴 이야기는 사실 지역하고 경계가 없지만. 그래서 시골에 '고래가 그랬어' 만화방 하나 있으면 좋겠다는 생각을 했습니다. 그리고 처음에 연풍면에 있는 집을 구했을 때는 몰랐는데, 이쪽으로 와서 주변을 돌아보니 문화예술인이 꽤 많은 거예요. 노래하는 분도 있고, 예전에 자전거 운동 한 분이 집을 짓고 있고. 한살림만 해도 원래 한살림 운동이 문화적인 부분이 컸는데 생산자 조합이 강해지면서 지금은 문화적인 부분이 가장 취약한 것으로 인지하고 있다고 하시더라고요. 내부에서는 대안학교도 제대로 만들어보고 싶은데 아직은 그럴 상황이 안 되어 대안학교를 지원해주는 차원이고요. 괴산에 문화예술인이 많은데 그런 사람들과 함께 문화예술운동을 모색해보면 좋겠다는 이야기들도 있었어요. 저 역시 이제 그런 것들을 해야겠다고 생각하고 봄, 가을에는 한 달에 20일 정도는 내려와 있어요. 일부러 지역 문화학교 강의도 하고. 그렇게 관계를 만들어가는 거죠. 지역에 기금을 받은 단체와 마을 간의 분쟁에 개입하기도 하고. 제가 공공미술 작업을 하는데 벽화를 그리거나 하는 것이 아니라 사회 문제에 개입해서 불편한 것들을 드러내는 일을 주로 했어요. 이주 노동자 문제를 다루면서 마을 공동체 갈등 푸는 일을 했기 때문에 가능했던 거죠. 마을 공동체를 이야기하기가 쉽지 않아요. 시간도 오래 축적되어야 하고. 흔히 귀농, 귀촌 할 때 이야기하는 공동체라든지, 생태적인 삶이라는 것은 사려 깊게 접근해야 하는데 조심스럽지 못한 경우가 많아요. 너무 섣불리 한다거나, 진행이 너무 빠르다거나, 기금을 너무 많이 받았다거나 하는 것이 문화활성화 측면에서는 바람직한 사례는 아니라고 생각해요. 기금 때문에 지역화 네트워크가 힘들어져요. 그래서 저는 마을 단위에서는 문화예술기금을 받으면 안 된다고 생각하는 편입니다. 어떤 희망이 있다면 지금까지와는 다른 방식으로 마을에 살포시 얹히면 좋겠다 싶어요.

그럼 열린 공간으로 만들어놓은 이 만화방에 대한 생각은 어떤가요?

'괴산 페스티벌'을 만든 사이 씨랑 이런 이야기를 했어요. 지역에 내려와 살고 있는 개인이 추진한 '괴산 페스티벌' 같은 자연발생적인 움직임들이 늘 일어날 것이고, 이게 연결되어서 공동체 단체나 행사를 벌일 수 있도 있다. 하지만 이게 꼭 문화예술 행위가 아니라 삶으로서의 만남과 대화, 이런 것들이 가능하지 않겠느냐. 저는 기획자니까 그런 움직임을 살피고 그렇게 뭉치는 계기를 만들어주는 것들을 해야겠다고 마음을 먹었죠. 그런데 재미있게도 만화방을 한다는 소문이 나니까 기관에서 연락이 왔어요. 마을 안에 문화 거점을 조성해주는 시범 사업을 하니 기금을 주겠다고. 그래서

그 기금으로 리모델링을 하고, 이 공간을 위한 계획을 구체화했죠. 혼자서 즐거움을 만드는 것은 어렵진 않은데, 사실 그런 것들은 사람들과 나눠야 더 즐거워진다고 생각해요. 또 여긴 도시가 아니라서 아무 때나 뭉칠 수 있는 공간이 많지 않아요. 지역에서 가까운 사람들을 만나는 것도 중요하고 외부에서 찾아주고 놀아주는, 이 두 가지가 원활해야 외롭지 않거든요. 사람들이 지역에 내려왔다가 도로 도시로 올라가는 것은 그런 즐거움을 만들지 못했기 때문이라고 생각해요.

집의 일부를 게스트하우스로 개방하셨는데요.

제 생각보다는 이용률이 높아요. 지난주에는 녹색당 당원이라는 분들이 2박 3일 지냈다 갔고, 그전에는 녹색연합 친구들이 보름 지냈다 갔어요. 재미있는 사연이 있는데, 주말이면 여기 다녀가던 친구가 밭을 100평인가 얻었어요. 계속 농사를 짓고 싶었는데 텃밭 규모는 성에 안 차고. 그런 관심이 있어서 여기 온 거였어요. 그러다가 괴산의 '느티나무 통신'을 만든 분을 만나게 되어 무료로 밭을 얻었대요. 그러자 이 친구가 서울에 있는 친구들 스물다섯 명을 모아서 시간 되는 사람들이 내려와서 농사를 짓고 있어요.

게스트하우스 이용료는 무료예요. 제 집이니까 임대료를 낼 필요가 없어서 최소한의 전기세, 만 원 좀 넘게 나오는 보일러 기름값 정도만 충당하면 되니까요. 그래서 사용료를 받지 않되, 머물다 간 사람들한테 일 년이 되면 메일을 보내려고 해요. 기름값과 공과금이 얼마가 나왔는데 자발적으로 가능한 만큼씩 후원금을 보내달라고. 앞으로도 그렇게 운영하려고요. 지금까지 한 5년간은 기금으로 기름을 넣었거든요. 그런데 이 공간을 지속하려면, 주위의 많은 사람들이 자유롭게 이용할 수 있는 공간을 만들어야 하고, 그러면 열 명이 만 원씩만 내도 일 년에 10만 원, 그 정도면 충분히 운영비가 나오겠다 등 이런저런 생각을 하고 있어요.

도시 사람으로서 마을에 들어올 때 어려운 점은 없었나요?

여기 마을 분들이 잘 받아주셔서 어려운 점은 찾기가 좀 힘들어요. 그런 건 지역마다 다를 거예요. 어떤 마을은 차가 들어가지 못하게 돌로 막아두는 데도 있는데, 여긴 그런 게 없어요. 뒷집에 편찮으신 할아버지가 계신데 마을 분들이 수시로 들러 돌봐주시고 그래요. 저만 해도 예전부터 지역에서 이런 활동들을 해왔고, 별로 갈등도 없었어요. 다만 한 가지 개인적인 걱정은 지역과 관계 맺기를 하려면 여기 살아야 하는데, 한편으로는 그런 생각도 드는 거예요. 꼭 살아야 하나. 꼭 귀촌이 아니라 반촌을 만들어도 되지 않나. 그리고 마을 분들이 불편하지 않으면 여러 사람들이 왔다갔다 하게 하고, 가끔 마을 분들 농사일도 도와드리고 지내면 되지 않을까.

육아는 어떻게 하고 있나요?

아이는 서울에서 어린이집에 다녀요. 어린이집은 구립 공동육아라고 전국에 세 군데 있는데 협동조합과 연결되어서 저렴하고 수업을 거의 산에서 하더라고요. 그리고 제가 출근하는 직업이 아니다 보니 괴산에 내려올 때는 어린이집 빠지고 같이 내려오죠. 그렇다고 이쪽으로 내려와야겠다는 생각은 하지 않고 있어요. 아직까지는 올라가 있으면 내려오고 싶고, 또 내려와 있으면 올라가고 싶고 그래요.

이쯤에서 완전한 귀촌이 아닌 반촌에 대한 이야기를 해보면 좋겠습니다.

사실 서울에 올라가도 별로 할 게 없고, 시골에 내려와도 할 게 별로 없어요. 그래서 '삼거리'라는 단체를 만들었어요. '삼거리'라는 상상력이 어디서 나왔느냐면, 마을에 있다 보니 그런 생각을 해봤어요. 가령 마을 삼거리에 슈퍼-가게-식당이 있는 거예요. 각자 텃밭에서 가꾸고, 가꾼 농산물을 식당에 다 주고, 밥은 식당에서 먹고. 식당은 슈퍼에서 물자를 구입하고 저녁 때 주점을 해서 술을 마시고, 술은 슈퍼에서 사오고. 이렇게 마을 삼거리에 세 개의 아주 작은 것들이 있으면 서로 유기적으로 소규모의 자립경제가 가능할 것 같아요. 그런데 그것만으로는 당연히 안 돌아가죠. 순진하지 않으니까. 그래서 그런 것들을 예쁘게 만들어놓으면 외부에서도 식당을 이용하러 오고 점점 활성화되면 가능할 것이다. 그러면 마을과의 관계는 어떻게 할 것인가. 마을 분들께 약을 치지 않고 농산물을 재배해서 식당에 납품하시도록 부탁드리고 며칠에 한 번씩 함께 식사를 한다. 마을의 문제 중 하나가 80~90세 되는 노인 분들이 혼자 밥을 해 드신다는 거예요. 농촌의 사회 문제 중 하나죠. 예전에 그 이야기를 듣고 마을에 식당을 만들면 좋겠다는 얘기를 한 적이 있는데, 번듯한 식당까지는 아니더라도 마을에 작은 규모의 식당이 있으면 어른들이 야채를 재배해 갖다 주시고 우리는 도시락을 싸서 갖다 드리는 정도는 할 수 있겠다, 그렇게 생각한 거죠. 그런 시도를 하면 재밌겠다는 상상을 했는데 이 공간뿐 아니라 뭔가 연결되어 있는 유사한 공간이 있으면 좋겠더라고요. 우리는 작가니까 이건 계도 아니고 협동조합도, 사회적 기업도 아니에요. 그래서 이런 제안을 해봤어요. 다들 작업을 하기 위해서 경제활동을 하는데, 전시장에서 품일을 한다거나 목수를 한다거나 디자인을 해서 다 기술이 있어요. 그런데 어떤 사업들을 개인적으로 하니까 실적이 쌓이지 않는 거죠. 그래서 단체를 만들어 공동으로 일해서 실적을 서로 공유하고, 거기에서 15%를 저금하자. 그 돈을 한 사람한테 몰아줘서 시골에 집을 짓도록 하자. 그렇게 해서 작년에 1,000만 원쯤 모았어요. 현재 공공미술 삼거리 주축은 서너 명인데 같이 하는 작가들은 열 명쯤 돼요. 사실 개인의 공간이 되어야 애정 있게 그 공간을 살필 수 있잖아요. 그리고 이 공간이 있기 때문에 또 개인 공간을 만드는 게 훨씬 원활할 수 있고요. 그렇게 연결이 되면 집도 훨씬 빨리 수리할 수 있고, 서로 집 고치는 데 품앗이를 하고 언젠가는 그 혜택을 받게 되는 식으로 시스템을 만들었죠. 두레가 공동의 일이라면, 품앗이는 상황에 맞게 서로 도와주는 거니까 굳이 따지자면 우린 품앗이인데, 하여튼 서로 돕는 거죠. 그것도 재밌게 도우려고 우리가 방법을 만든 거죠. 그래서 저는 누구는 커피숍을 하면 좋겠고, 누구는 바느질 공방을 할 수도 있고, 그런 것들이 10분 거리에 산재해 있으면 좋겠어요. 그런 사람들끼리 모여서 뭔가 재미난 일을 벌일 수 있을 테고요. 이게 제대로 되면 또 다른 마을의 삼거리를 만들고 매뉴얼도 만들고.

작가이자 기획자로서, 삼거리와 믹스라이스라는 이름으로 활동하시던데 어떤 단체인지 소개해주세요.

삼거리는 예전에 '대안공간 풀'에서 주로 활동하는 작가들이 만나서 결성된 모임인데, 아주 노동자와 지역 주민 사이를 소통하는 미술 프로그램을 하면서 처음 그 이름을 썼어요. 지금은 괴산에 내려와서 작가들과 다양한 이야기를 나누면서 새롭게 만든 비영리

민간단체라 할 수 있죠.

믹스라이스는 이주 노동자들과 작업하는 그룹으로서, 아내와 함께 10년째 프로젝트를 진행하고 있습니다. 주축은 둘이지만 상황에 따라 다른 전문가들이 멤버가 되어 돌아가기도 해요. 이주 노동자가 들어오기도 하고, 경제학자나 문화인류학자가 들어오기도 하고.

이주 노동자 문제를 이야기하게 된 사연이 궁금합니다.

우리나라 사람들이 외국으로 이주 노동 하러 간 시기가 있었죠. 그리고 서울 올림픽 전후로는 외국의 이주 노동자들이 한국 사회에 진입하기 시작했고요. 그러면서 노동 환경도 변하고 결국 신자유주의, 글로벌 경제 이런 것들을 피부로 접할 수 있게 된 것이 우리가 제3세계 사람들이라 부르는 사람들을 받아들이게 되면서 시작된 것이죠. 그런 사람들을 통해 국경 문제, 노동 문제, 착취 문제, 가부장 문제 등 한국 사회의 많은 부분을 볼 수 있어요. 그래서 저희는 그들과 작업을 하는 것이 아니라 항상 친구처럼 지내요. 술도 자주 마시고, 집에도 놀러가고. 가령 이명박이 대통령이 되면서, 개발이라는 것들이 한국 사회를 뒤덮게 되었잖아요. 이주 노동자들은 대개 수도권 외곽 지역에서 일하고 있는데, 마석 가구공단도 그 바람 때문에 개발 위기가 찾아왔어요. 그러면 한국 사회의 개발과 이주 문제를 동시에 이야기하게 되는 거죠. 그렇게 끊임없이 이주 노동자를 통해 한국 사회의 문제를 이야기하는 거예요. 이주 노동자 문제를 중심에 두고 주변에서 벌어지는 이야기들을 통해 다시 한국 사회의 문제를 이야기하는 작가들이라고 보면 됩니다.

아내는 그림을 전공했는데 갤러리에 전시하는 활동보다는 다른 방식의 이야기를 고민했어요. 이를테면 미디어에서 이주 노동자들을 대하는 방식은 항상 우리가 필요한 방식으로 재현하잖아요. 불쌍하거나 착취 대상이거나 고향을 그리워하는 사람으로만. 한편으로는 그들도 개인의 욕망이 강해서 돈을 더 많이 버는 곳으로 이주한 하나의 개인이기도 하고, 한없이 외로운 존재이기도 한데 말이에요. 또한 그들을 이주하도록 강요한 세계화의 흐름도 있는데, 이런 여러 가지 문제는 언론이나 복지관에서 할 수 있는 것은 아니죠. 사실 그런 것들이야말로 예술로 이야기기하기 좋은 주제죠.

이주 노동자 문제를 다루면서 구체적으로 어떤 작업을 하셨나요.

갤러리라는 공간에서 전시하는 방법이 아닌, 작가가 원하는 대로 전시할 수 있는 대안공간 풀이라는 곳이 생기면서 지역 공동체, 공공, 사회적 타자 이런 것들을 고민하게 되었어요. 그러다 두 가지 중요한 장소를 찾게 되었는데 상패동의 성매매 업소에서 일하던 여성들의 이름 없는 무덤을 통해 미국, 분단, 여성, 성 등을 이야기하게 되었고, 두 번째가 마석인데 여기는 한센병 환자들이 자립적으로 살기 시작한 곳이에요. 그들이 자립 공동체를 유지하던 경제기반이 돼지, 닭, 소 등 가축을 기르는 것이었는데, 지역 주민들이 그걸 못하게 하면서 임대업을 시작하게 돼요. 그러면서 이주 노동자

들이 유입되기 시작해서 한센인, 지역 주민, 가구 공장주, 이주 노동자 등이 모이게 된 거죠. 역사적으로 보면 사회적 타자나 소수자들이 공간을 점유한, 하지만 공생관계 때문에 함께 있을 수밖에 없는 곳이에요. 안산과는 또 달라요. 전통 복장을 입고 기도원에 가기도 하고, 돈을 모아서 기도방을 만들기도 하고, 알롬이라는 친구는 거기서 연극을 만들었어요. 친구가 저희한테 그 연극의 배우로 참여해달라고 제안했어요. 믹스라이스는 항상 이주 노동자들에게 뭔가 하자고 제안하는데, 처음으로 그 친구가 저희한테 자신들이 기획을 했으니 참여해달라고 한 거죠. 그건 제 입장에선 중요한 계기이기도 해요. 또 중요한 것은 먼저 온 이주 노동자가 나중에 온 이주 노동자를 착취하는 것이 연극 내용이에요. 그러니까 사실은 그들의 치부를 드러내면서, 그들의 언어가 생기는 것이랄까. 이제 그들이 자신들의 이야기를 본격적으로 할 수 있겠다는 기대감, 그런 것들과 만난 거죠.

그 후에 계속 재미난 일들을 했어요. 작년에는 이 알롬이란 친구가 가구공단에서 록페스티벌을 하면 좋겠다고 해서 '마석 동네 페스티벌'을 열게 되었죠. 공장 옥상을 빌렸어요. 이주 노동자들, 인디밴드들, 강산에 등이 참여했는데 공연만 재미있는 게 아니라, 의미도 있었어요. 재개발 지역에서 버려진 식물들로 무대를 꾸미고, 마석 파레트로 무대를 만들었고. 또 천주교인, 기독교인 다 와서 어우러졌죠. 사실 한센인들도 기독교와 천주교로 나뉘어 있거든요. 재미난 일들이 참 많았어요. 그 일을 치르고 처음으로 저희가 파산 직전이 되었죠. 그래서 우리가 찍은 영상을 DVD로 제작해서 손해를 메꾸려고 했는데 더 손해를 봤어요. 하여튼 재밌었어요. 지금 다시 그 영상들을 봐도 되게 재밌고. 그러다가 미술관에서 전시 의뢰가 들어왔는데, 의뢰가 들어오면 우리가 가는 게 아니라 그들한테 무대를 제작해달라고 해요. 대신 공장에서 일하다가 남은 자투리로 제작해달라고 하죠. 그렇게 그들이 제작을 하고 그것을 옮겨놓으면, 이것은 전통적인 작품의 개념이 아니라 그들의 활동이라거나 삶의 모습들이 전설처럼 남는 기념비가 되는 거죠. 작품이라기보다는 그들의 삶을 드러내는 하나의 메타포 같은 거요.

그렇게 처음엔 이주 노동자들에 대한 관심이었다가 지금은 폭이 훨씬 넓어졌어요. 최근에는 이주 노동자뿐 아니라 이민 간 한국인, 그리고 1960~1970년대 시골에서 도시로 일자리를 찾아 온 여공들한테 같은 질문을 던졌어요. 남기고 떠날 수밖에 없는 것이 무엇이었냐고. 사실 저희는 그 질문을 하면 어떤 사물을 대답할 거라 생각했거든요. 대부분 그것에 대해 한 번도 생각을 안 해봤을 거 아니에요. 기억을 더듬어서 얘기해야 하는 부분이니까 '우리 집 앞에 강이 있었는데' 하면서 이야기를 시작해요. 그 이야기를 듣고 우리는 재현을 하는데, 간혹 전혀 알 수 없는 부분들이 생겨요. 어떤 미얀마 친구는 하늘에서 젤리가 떨어져서 그걸 마셨다는 거예요. 아마도 나무의 진액이 비가 올 때 떨어진 듯한데 저희는 경험해본 적이 없으니, 묵으로 표현을 했죠.(웃음)

올해는 식물의 이주에 대한 작업을 하고 있어요. 영국에 식물사냥꾼이라고, 희귀한 식물들을 채집해 박람회를 열고 소유하는 사람들이 있대요. 또 반포의 래미안 아파트는 천 년 된 느티나무를 사 와서 심었어요. 아파트를 명품화하는 방법으로 1990년대 들어 조경을 많이 이용하고 있죠. 저희가 리서치를 해보니 어떤 개인이 수몰지구에서 그 나무를 사서 삼성물산에 팔았는데, 그걸 추적하는 작업이에요. 영양도 댐이 생긴다고 해서 마을 분들이 그 마을의 당산나무를 팔다가 문제가 생겼어요. 수몰지구가 생기면 그 안의 식물들이 어떻게든 팔려나가게 되고 결국에는 돈 많은 아파트 단지에서 그런 명품 나무들을 사는 거죠. 곧 미얀마에 갈 예정인데 그 나라의 티크라는 수종의 고급 목재는 전부 중국으로 들어간다더군요. 작은 이주에서부터 국제 무역, 식물종의 착취 등 사실 종자 전쟁까지는 너무 힘들겠지만 하여튼 이야기할 것들이 많아요.

농사 경험은 어떤가요?

무리해서 농사를 지어보니 힘들더라고요. 흙 파는 것도 힘들고, 약 안 뿌리고 비닐도 안 쓰고 하면 힘들죠. 그래서 태평농법 비슷하게 일명 냅둬요 농법으로 하고 있죠. 안 되면 할 수 없는 거고. 옥수수, 배추, 마늘 등 웬만한 건 다 해봤어요. 특히 마늘처럼 겨울을 나는 작물을 하는 것은 한 단계 진보하는 거잖아요. 그런데 사실 왔다갔다 하는 기름값 빼면 슈퍼에서 사는 게 더 싸죠. 작업 때문에 한 달 정도 못 내려가면 풀이 무성해지고. 살림에 보탬이 될 정도는 안 되지만 해보고 싶었고, 즐거워서 하는 거니까요. 대신 몸이 고될 정도로는 하지 말자, 안 되면 할 수 없고, 그런 마음가짐으로 하고 있어요. 재미있는 건 해보니까 상추가 제일 맛없는 풀이더라고요. 마당에 나오는 풀들 중에 맛있는 게 엄청 많으니까요. 민들레도 괜찮고. 그래서 처음엔 상추 잔뜩 키웠는데, 이제는 안 심어요. 토종씨 심으면 다음 해 또 나니까 제일 오른쪽 텃밭은 아무것도 안 심고, 그냥 나는 거 길러요.

요즘의 귀농/귀촌 세태에 대해 어떻게 생각하시는지요?

도시에서 농사나 농부를 너무 소비하고 있다는 생각이 들어요. 농부는 오랜 경험과 노력이 축적된 전문인이고, 삶의 지혜가 굉장히 많은 분들인데 도시에서 그것을 소비하는 것이 폭력적이라는 생각이 들고, 도가 지나칠 때도 있어요. 유행처럼 만들어서 갈 데까지 갔는데 너무 이벤트화하지 않으면 좋겠어요. 농사가 예술이

다, 이런 식의 극단적인 것도 경계해야 하고. 도시에서 텃밭을 가꾸는 것은 좋은 행위인데 그게 너무 과한 쪽으로 가는 것도 좀 아니다 싶고, 잘 모르겠어요. 아직은 정의내리기 힘드네요.

다만 도시에 사는 사람들은 컴퓨터, 스마트폰, 이런 구체적인 기술의 세계라든지 제작문화 같은 것을 갈망하는 부분이 있어요. DIY라든가 뭔가 키우고 싶은 마음, 자연적으로 변하는 움직임을 만나고 싶은 갈증들이 있어요. 그런 것들이 건강하게 이루어지면 좋겠어요. 도시의 직장인들에게 농촌, 시골집 이런 건 로망의 대상이기도 하고요. 도시에서 살지만 구체적인 세계에 대해 계속 보지 않으면 외로울 거라는 생각이 들어요. 그런데 저희 같은 작가들은 내면과의 대화를 깊게 하는 작업을 하는 사람들이고, 경제적으로는 부족하지만 문화적으로 풍부하잖아요. 이런 사람들이 시골에 지속적으로 오고가면 좋겠다는 생각을 합니다. 뭐 어떤 게 올바른 방식이라고 말할 수는 없는 거잖아요. 직장 딱 그만두고 내려와서 재미있게 사는 사람도 있고, 귀농학교 다니며 공부하면서 단계를 밟아 나가는 게 어울리는 사람도 있으니까.

귀농/귀촌을 꿈꾸는 사람들에게 하고 싶은 말이 있나요?

도시에선 쓰레기를 버리면 청소를 해주죠. 어떤 공공서비스를 국가에서 해주는 체계들이 돌아가는데 시골은 그렇지 않아요. 예상할 수 없는 불편한 점도 많고. 시골에 내려와 살고 싶다면 집을 보고 결정하는 것이 아니라, 마을을 보고 내려가면 좋겠어요. 그

마을이 어떤 마을인지 알려면, 마을에 아는 집이 있으면 자꾸 가서 봐야 해요. 마을마다 마을 공동체를 이루는 사람들이 다르기 때문에 각각의 마을 생태가 있어요. 그러니 자기가 사는 마을이 순수하면 삶이 참 풍부해져요. 그게 아주 큰 보너스죠.

　그리고 꼭 착한 귀촌이 아니어도 돼요. 마을 공동체로 가까이 가려고 자신을 너무 착하게 몰아가다 보면 부작용이 생길 수 있어요. 그러니 친절하지 않은, 착하지 않은 귀농/귀촌이 있을 수 있다고 생각하세요. 그런 면에서 저는 아주 당당하거든요. 각자의 방식으로 사는 것을 고민하는 것이 대안적 삶이 아닐까요.

06

일러스트레이터 아내와 비디오 촬영가 남편 **김주영, 차화섭 부부**

칠성면 두천리

옆 마을의 차화섭 님은 저처럼, 자기 마을에서 유일하게 육아를 하고 있는 동지이자, 함께 바느질 모임을 다닌 이웃 엄마입니다. 눈이 많이 내려 바느질 모임에 갈 수 없으면 이 집에 가서 아이들을 놀게 하고, 이런저런 이야기를 나누곤 했지요. 이 부부는 자신들이 하던 일(일러스트와 동영상)을 포기하지 않고 지역에서 또 다른 방식으로 모색해 나가고 있는 아주 훌륭한 사례를 보여주었습니다. 그 원천은 이들이 가진 무한긍정 에너지예요. 재미있는 것을 하자, 지속가능한 것을 하자, 외치며 오늘도 신나는 무언가를 계획하고 있을 겁니다. 보기만 해도 웃음이 나는 귀여운 사내아이 둘과 함께요.

사람이 재산인 시골,
가능성은 더 크다

어떻게 괴산에 정착하게 되었나요?

차화섭 결혼하고 일산에 살고 있었어요. 저는 프리랜서, 주영 씨는 회사원이었는데 결혼하기 전부터 시골 가서 살아보겠다고 알아보고 그랬거든요. 그러다 1년 뒤에 텃밭 농사를 하게 됐어요. 우리가 밭에서 농사짓는 걸 남편이 영상으로 찍었는데 주말농장에서 알게 된 분과 인연이 되어 주영 씨도 프리랜서를 시작하게 되었고요. 그러면서 집에서 피클이나 국수 만드는 것, 레시피 영상을 촬영하기도 하고. 대안적인 삶을 도시에서 해보려고 애를 쓰는 시간들이었어요. 전철 대신 자전거 타고 다니고, 화장지 대신 손수건 쓰고, 가게에서 비닐봉지 안 받아오고, 물건은 아름다운 가게에서 사고 아껴 쓰고.

김주영 《즐거운 불편》,《자연과 함께하는 사람들》,《월든》 같은
책에서도 영향을 받았죠. 화섭 씨가 그런 쪽으로 관심이 많았는지
그런 책을 많이 샀어요.

차화섭 요즘 그런 생각들을 많이 해요. 왜 우리가 여기에 왔나.
흔히 도시에서 적응하지 못하는 사람들이 시골 와서 산다고 하는
데 우리에게는 해당하지 않는 말이에요. 우린 도시에서도 재미있었
거든요. 그런데 왜 벗어나려고 했냐면, 그런 것도 재미있지만 이것
도 재미있을 것 같다는 생각으로 왔어요. 도시에서 엄청 힘들었던
적은 없어요. 다만 계속 도시에서 생활해야 하는 게 싫었어요. 물가
도 비싸고. 시골로 가자고 했을 때 두려움도 있었지만 더 재미있을
것 같았어요. 그리고 프리랜서니까 오히려 일이 많은 도시에 살아
야 한다는 논리도 있겠지만 시골도 가능하다고 생각했어요. 남편
이 하는 동영상 쪽 일은 좀 힘들 수도 있는데 수입이 적더라도 당
분간은 제가 버는 돈으로 근근이 살 수 있겠다 싶었죠.

귀촌을 실행하게 된 결정적인 계기나 과정이 있었나요?

김주영 주말농장을 할 때 가는 데만 버스로 40분이 걸렸어요.
자주 가긴 어려웠죠. 그런데 하다 보니 재밌더라고요. 양배추, 토마
토, 당근, 바질, 이런 것들이 잘 되어서 쏠쏠하게 잘 먹었거든요. 그
래서 집 앞에 밭이 있으면 좋겠다 생각했는데 아내가 임신을 했어
요. 그러다 보니 아이를 도시에서보다 시골에서 키우면 좋겠다는

생각이 자연스럽게 들었어요.

차화섭 임신하고 나니 차에 대해서 무척 예민해졌어요. 작은 주택가에 살았지만 도시는 어디에든 차가 있으니까요. 그리고 전세 생활 전전하는 삶이 별로였어요. 고향집 아니면 내가 어릴 적 놀았던 거기, 그런 걸 늘 떠올릴 수 있으면 좋겠다고 생각해서 아이에게 집을 만들어주고 싶었어요. 그래서 전국을 다 알아봤는데 괴산 쪽 공인중개사에서 연락이 와서 농가주택 몇 개를 보러 갔죠.

김주영 처음에 화섭 씨가 괴산이라고 했을 때 진짜 마음이 안 갔어요. 처음 듣는 이름이고 어디 있는지도 모르고 이름도 기괴하고. 그런데 계속 이야기하니까 검색을 해보게 되더라고요. 그러다가 유기농법이나 흙살림에 대해 알게 되었고 점점 호감이 생겼죠.

차화섭 전셋값 6,000만 원으로 집을 완전히 수리해서 입주할 수 있도록 하는 것이 목표였어요. 사진으로 봤을 때 조건이나 생김새가 너무 마음에 드는 황토방 구들집이 5,000만 원이었어요. 그런데 막상 가보니 고속도로가 딱 보이고 차 소리도 엄청 컸어요. 그래서 다시 알아봤지요. 현지 공인중개사에서 여러 가지 현실적인 대안들을 말해줬어요. 땅을 사서 기다렸다 집을 짓는 것, 판넬집을 사는 것, 읍내 허름한 집에 살면서 기다리다가 적당한 집 나오면 들어가는 것 등. 어떤 분은 매매 성사만이 목적인 듯 정말 많은 집을 보여줬는데 대개는 비싸고 상태도 안 좋았죠. 그러다 다시 연락이 와서 내려왔는데 선뜻 결정을 못 하겠더라고요. 제가 상상하던 전원 속의 집도 아니고, 집을 산다는 것에 대한 부담감도 있고.

그러다 공인중개사와 잘 이야기해서 3,500만 원짜리 집을 계약하고 2,000만 원에 리모델링 해줄 수 있는 업자를 소개받았어요. 공사하면서 석면 슬레이트 지붕을 걷으려고 애를 썼는데, 남편도 괜찮다고 하고 시공업체에서도 말리는 분위기라 그냥 두고 그 위를 감쌌는데 결과적으로는 좋았어요. 그거 걷었으면 너무 추웠겠더라고요. 그리고 옛날 집 구조를 많이 남기려고 하다 보니 업체 사장님이랑 실랑이를 많이 했죠. 날이 추워져서 빨리 들어오고 싶었고. 나중에 보니 완전 새 집으로 바뀌고 엄청 빨리 고쳤는데도 2,000만 원밖에 안 들었으니 정말 기적 같은 일이었어요. 내부도 너무 마음에 들었고요. 그렇게 입주하고 2주 뒤에 집에서 아이를 낳았어요. 조산원에서 괴산까지 와주셨지요. 시골로 이사하고, 집 고치고, 애기 낳고, 그렇게 정신없는 와중에 어떻게 산후조리 했는지 모르겠어요. 지금 생각해보면 말이 안 되는데, 아무것도 몰라서 그냥 어떻게든 이겨낸 것 같아요.

김주영　그땐 진짜 아무것도 몰라서 전기난로 사서 썼는데 다음 달에 요금이 어마어마하게 나왔죠. 잔고도 얼마 안 남았고 일도 1년 가까이 없어서 가진 돈 다 쓰고 마이너스까지 갔었어요.

지금은 주로 어떤 일을 하면서 살고 있나요?

김주영　'괴산잡곡'이라는 업체의 온라인 홍보를 맡아서 사진이나 동영상 위주로 콘텐츠를 만들고 있어요. 그리고 〈느티나무 통신〉이라는 지역언론 협동조합의 촬영기자로 활동하고 있는데, 아직은 재능기부 형식이에요. 그곳이 '한살림'과 연계가 있어서 '모심과살림'에서 주최하는 일에 촬영을 가기도 해요. 또 스튜디오 '느린손'이라는 사업체를 만들었어요. 지역에서 미디어 수요가 있을 거라고 생각해요. 그렇게 지역에서 저희가 할 수 있는 일을 하면서 수익을 내고 싶어서 사업자등록을 하게 됐어요. 아직은 특별한 수익은 없지만 '괴산 페스티벌' 같은 행사가 있으면 영상 기록 스태프로 일하기도 하고 점점 활동을 늘여가는 중입니다.

차화섭 일산에서 내려올 때 농사로 돈 벌 수 있지 않을까 하는 생각도 해봤는데 실제로 엄청 힘든 일이었어요. 우리 텃밭도 관리가 안 되는 상황이었고, 더 중요한 것은 시골에 살면서도 원래 하던 주업, 천직을 버리고 싶지는 않았어요. 확신은 없었고 다만 할 수 있을 것 같다, 그러면 좋겠다 정도였는데 막상 시골 오니 정말 수요가 없었어요. 처음 1년은 오자마자 출산하고 애 키우면서 놀면서 있는 돈 다 까먹고. 다음 해부터는 일을 해보자 해서 지역에 있는 모임에도 가보고 그렇게 해서 주영 씨는 비디오 촬영 일을 계속할 수 있게 되었어요. 그런데 제가 하는 그림은 생각보다 더 수요가 없었어요. 그래서 아직까지 서울에서 일 받아서 하는 형태로 하고 있어요. 사보 일러스트, 청첩장, 제품 사진 촬영 등. 도시에서 웹툰을 8년 정도 연재했는데 지금은 육아 등 여력이 안 돼서 다시 시작하지 못하고 있는 상황이고요. 원래 여기 오기 전에는 완전 지역밀착형으로 생계를 유지해보자는 게 목표였는데 아직 2년밖에 안되었으니까 이만큼 한 것도 잘했다고 생각해요. 첫 해 끝날 즈음엔

굶어 죽는 줄 알았죠. 그전엔 가난한 건 낭만적이고, 가난할 수도 있겠다 생각했는데 막상 진짜 없어 보니까 가난이라는 게 그리 아름다운 게 아니더라고요. 되게 큰 수업을 하고 아직은 잘 살고 있습니다. 우리가 이렇게 굶지 않고 일하고 있는 것은 한살림이나 괴산에 살고 있는 분들 덕분이에요. 저희를 거두어주셔서.

김주영　네, 저희를 거두어주셔서.(웃음)

교육 문제는 어떻게 해결하고 계신가요?

김주영　첫째가 세 살인데 아직은 집에서 육아를 하고 있어요. (인터뷰 당시 둘째 임신 중이었다.) 일단 부모와 정서적으로 같이 있는 시간이 많아야 되겠다고 생각하고, 둘 다 프리랜서니까 육아를 분담하고 있어요. 다만 시골에서 키우는 게 좋다고 생각해서 내려왔는데 동네에 아이가 있는 집이 우리집뿐이다 보니 또래가 없어서 그 부분이 좀 고민이 돼요.

차화섭 요즘은 돌이 지나면 어린이집에 보내는 경우가 많은데 저희는 아직 안 보내요. 만 세 살이 넘어가면 보내볼까 싶기도 한데 그것도 막연해요. 대안학교에는 별로 매력을 못 느끼고 있는데 중고등학교쯤 되면 수험이 겹치니까 생각해볼 수 있겠다 싶지만 그것도 닥쳐봐야 알겠죠. 교육 문제는 꼭 제도상의 문제뿐만 아니라 부모의 마음가짐이 아이들 교육과 가장 밀접한 거라고 생각해요. 그래서 우리가 가진 단점이나 개성들을 한번 살펴봐야겠다고 생각해서 부부 상담을 다니고 있어요. 싸우는 게 나쁘다기보다는 더 괜찮은 방법을 알려주고 싶어서요.

귀촌을 하면서 겪은 실수나 시행착오가 있었나요?

김주영 사실 지금까지 너무 순조롭게 왔다고 할 정도로 큰 실수는 없었어요.

차화섭 처음에 가장 어려운 문제는 집이었어요. 흔히 귀농한 사람들 보면 집 사는 데 돈을 다 썼다거나, 집도 못 사고 이도저도 안 돼서 서울로 돌아가는 경우가 아주 많잖아요. 그래서 걱정을 많이 했는데 집 구하는 거나, 이웃 텃세 같은 것도 우리한테는 크리 큰 문제가 아니었어요.

김주영 마을에서 부딪힐 일은 없었는데, 실수라고 할 건 없지만 너무 무작정 내려왔다는 건 인정을 하죠. 위기에 대한 대책 없이 내려온 거. 그리고 가장 어려운 점은 예나 지금이나 결혼 후의 부부 문제예요. 각자 자아가 너무 강하다 보니 계속 부딪히고 상처를 주고 받고 했죠. 장소를 떠나서 가장 힘든 건 역시 사람관계예요.

차화섭 사랑하니까 잘 해봐요, 이런 말은 환타지에 가깝고 좀 더 실질적인 것을 찾아보려고 애쓰는 상황이에요. 우리에겐 우리 자신의 문제가 제일 큰 문제예요.

귀촌해서 잃은 것과 얻은 것이 있다면요.

김주영 아, 얻은 것이 너무 많죠. 여기 내려오긴 전까지 그동안의 삶은 도시의 삶이었죠. 내려와서도 도시적인 것들이 아직 섞여 있다고 생각할 정도로 제가 도시에 많이 길들여져 있었구나 싶더라고요. 특히 도시에서는 개인적으로 살았죠. 기껏해야 가족, 친척, 친구 정도의 관계만 맺다가 이제 지역이라는 공동체에 속했다고 할까요. 예전에 회사 다닐 때는 조직 속에서의 노동, 갑을 관계만 생각했는데 이제는 일하면서도 이웃, 마을 사람들부터 시작해서 알게 모르게 겹치는 부분이 많아서 예전보다 훨씬 다양하게 관계를 맺어가면서 살고 있구나, 결국에는 우리도 자연 속에 함께할 수밖에 없는 삶이구나, 그런 걸 느끼게 되죠. 이렇게 살면서 자연도 눈에 보이고. 그러니까 도시에 살면서는 버스나 지하철을 타고 출근하고 주말에나 겨우 벚꽃 보고. 기껏해야 목련이 피면 잠깐 보고, 산책하다 여름이구나 하는 정도의 풍경을 느꼈다면 시골에 사니까 그런 건 거의 매일 보는 거예요. 피고 지는 자연의 변화가 하루하루 다 눈에 보이죠. 자연을 더 많이 느낀다는 게 큰 얻음이라고 생각해요. 그리고 동물이라든가 생명에 대해 좀 다른 관점을 갖게 되었어요. 아직 채식주의자는 아니지만 치킨을 먹을 때도 옛날같이 그냥 아무 생각 없이 먹는 게 아니고 이 동물이 어떤 삶을 살았으며, 무엇을 먹고 살았을까 이런 생각도 하게 되고요. 우리가 치킨을 자주 시켜 먹는 편이었는데 지금은 일 년에 몇 번 안 먹어요. 치킨집 아저씨가 우리 이사간 줄 알았다고 하시더라고요. 생명에 대해서, 로드킬 당하는 너구리라든가 고양이를 보면 너무 슬프고 안타까운 상상을 하게 되고, 우리가 함부로 생명을 죽일 수는 없다는 생각이 들어요. 자연과 우리가 함께해야 한다, 함부로 할 수 있는 게 아니라는 삶의 가치가 생겨나고 있는 게 또 하나의 얻음입니다. 그리고 또, 도시가 아니어도 재밌게 살 수 있다는 생각을 할 수 있게 된 것. 영화 보고 예쁜 카페 가고, 그런 게 즐거운 거라고 생각했는데 그것 말고도 제가 돈 안 들여도 재밌는 걸 만들어볼 수 있겠다고 생각해요. 시골에서 너무 없이 살다 보니까 그런 게 필요하다는 생각을 하게 되고, 그럼 내가 해볼까? 이런 생각이 자연스럽게 드는 거죠. 도시에서는 다 있으니까 돈과 몸만 가면 되잖아요. 카드 긁으면 왕 대접 받고.

또 하나는 시골에선 인재가 폭넓게 펼쳐져 있지 않으니까 제가 조금만 뭘 한다고 해도 여기저기서 요청이 들어와요. 도시에서는 계약 관계 안에서만 일을 하잖아요. 그에 비해 여기서는 진입장벽이 높지 않고 여러 군데서 자신의 쓰임을 찾을 수 있어요. 그런 걸 통해 가능성이 많이 있구나, 내가 어떻게 그려 나가고 살면 되겠구나 하는 자신감을 얻게 되었어요.

차화섭 얻은 게 너무 많아서 잃은 게 뭐가 있을까 생각해봤는데 크게 잃은 게 별로 없어요. 사실 너무 많이 얻어서 뭐랄까, 이 상황에 대해 너무 송구스럽습니다. 받기만 해서. 빨리 우리도 내보내야겠다는 생각도 많이 들어요. 우리가 원하고 꿈꾸던 것들보다 생각도 못한 것들을 너무 많이 받아서, 누가 퍼주기만 하면 되게 저도 뭘 줘야 되는데 하는 느낌이요. 환원이라고 하면 좀 거창하지만 뭔가 구체적인 것을 만들어서 순환시킬 수 있는 것을 우리 쪽에서도 내보내야겠다는 생각을 해요.

김주영 또 우리가 시골서 두 아이를 얻었죠. 가정 분만으로 집에서 출산했습니다.

차화섭 우리가 얻은 가장 큰 건더기는 집이에요. 우리가 계속 도시에 살았으면 전세를 계속 돌고 있었을 거예요. 전셋값은 계속 오르는데 말이죠. 처음엔 잘못된 이야기를 많이 들어서 긴장했어요. 용감하기도 했고 운도 좋았고요. 그리고 또 하나는 예전에는 심각하게 자연주의 같은 걸 생각했는데 주의라는 것이 필요가 없더라고요. 그냥 살면서 자연스럽게 느끼면 돼요. 비오는 날 개구리들이 도로로 엄청 뛰어들잖아요. 그거 보면서 사람이나 차가 밟고 지나가면 안 되는데 하는 생각이 자연스럽게 들어요. 자연스러워지려는 걸 의식하는 것, 자연에 대해 의식적으로 생각하거나 유기농 제품 골라먹는 일들이 거의 없어졌어요. 또 모든 귀농/귀촌인들이 꿈꾸는 게 자급자족이잖아요. 그런데 자급자족이라는 게 엄격하게는 없다고 봐요. 그런 완전 자연상태는 사실 힘들어요. 예전엔 옆집 할머니가 뭐 갖다 주시면 이거 농약 친 거구나 하고 구슬아이스크림 뽑아다 주시면 당황했는데 요새는 그냥 감사할 따름이에요.

김주영 또 애기를 낳으니까 동네에서 돈도 주시고 쌀이랑 고기도 많이 받았어요. 도시에 있으면 상상도 하지 못할 선물들을 받았어요. 우리 먹거리도 많이 좋아졌고요. 만약 이 인터뷰를 작년에 했더라면 잃은 것 중의 하나를 카페, 우리가 좋아하는 예쁜 곳이나 음식이라고 말했을지도 몰라요.

앞으로 꿈꾸는 일, 미래에 대한 계획을 들려주세요.

김주영 사람들이 평화를 이야기하지만 일단 개인이, 먼저 가정이 평화로워야 그 에너지가 더 펼쳐질 거라고 생각해요. 자기가 평화롭지 않은 상태에서 세상이 평화롭기를 바라는 건 앞뒤가 안 맞고요. 그런 의미에서 가족이 평화롭게 지내는 게 가장 중요하다고 생각하고, 모범적인 사례가 돼서 그런 에너지를 세상에 알게 모르게 퍼져나가게 하고 싶어요. 또 평화로운 것뿐 아니라 우리가 가진 재능으로 재미나게 살고 있는 모습을 통해서 널리 이롭게 하고 싶은데요. 그중 한 가지는 지역 농부들과 함께 해서 농산물들을 더 신뢰할 수 있게 만들고, 제 갈 곳으로 갈 수 있게, 도시민들과 거래와 소통이 더 잘 될 수 있게 하고 싶어요. 우리가 가진 비디오, 그림, 사진 등의 도구로 그런 바른 먹거리 문화가 확산되면 좋겠어요.

지역에서도 재미있게 살 수 있다는 것을 보여주고 싶어요. 집을 수리해서 좋아하는 대로 꾸미는 거나 아이가 시골에서 자라는 모습을 기록해서 공유하면, 지금 살고 있는 현실에서 나오고 싶은데 못 나오는 사람들에게 다양하게 살 수 있는 힘을 보여줄 수 있지 않을까요. 이런 것들이 스튜디오 느린손을 통해 펼쳐지도록 하고 싶어요. 또 아직은 미약하지만 〈느티나무 통신〉 역시 지역 사람들과 소통이 잘 되어서 작은 지역 안에서도 좋은 생각을 가진 사람들이 국가와 세계로 확산되고 더 나아가 우주로 좋은 에너지를 멀리 펼쳐지게 하는 게 저희 방향이에요.

차화섭 일단 우리는 앞으로 꿈꾸는 미래에 가족과 가족 구성원을 빼놓고 갈 수가 없고요. 아마 좀 더 성숙해지겠죠. 2년 정도 연애하고 결혼한 지 4년째인데, 남들이 저희보고 재미있다고 하는 걸 보면 재미있게 살고 있는 것 같은데 싸움도 엄청 잦았어요. 그런 것들을 앞으로는 좀더 잘 극복할 수 있겠죠. 이런 가정생활을 기반으로 스튜디오 느린손에서는 비디오든 글이든 사진이든 각자 하고 싶은 것들로 사람들에게 이런 이야기를 하는 거죠. 내가 걱정하는 것들이 사실 해보면 별 것 아니구나, 내가 꿈꾸는 대로 아주 가깝게 가는구나, 이런 걸 보여줄 수 있을 거예요. 그리고 언제가 될지는 모르지만 오픈하우스를 열어서 우리가 살고 있는 걸 사람들이 책이나 인터넷을 통해 보는 게 아니고 진짜로 와서 한번 해볼 수 있도록 하고 싶어요.

시골 생활을 꿈꾸는 이들에게 하고 싶은 말을 해주세요.

차화섭 블로그나 웹툰 연재할 때 만난 독자들에게서 연락이 많이 와요. 그 내용 중 대부분이 '나는 잘못된 게 아니었어. 사회부적응자가 아니었어. 적응하는 방식은 여러 가지야'라고 이야기해주는 사람들이 아주 많거든요. 그래서 그런 거 보면서 제가 샘플이 되는 게 나쁘지 않구나 싶어요. 제가 해보니까 '10년 후에 준비하고 내려가겠다, 지금 가고 싶지만 여력이 안 된다' 이런 이야기는 그냥 눈 딱 감고 흘려보내고, 일단 한번 해보면 좋겠어요. 실패하면 도로 올라가면 되잖아요. 어차피 귀농/귀촌하는 사람들 중에 가진 사람도 많지만, 잃을 게 엄청 많은 사람들은 사실 별로 없거든요. 우리도 잃을 게 별로 없어서 쉽게 내려왔죠. 그리고 시골에서의 가능성이 굉장히 많으니까 그렇게 앞뒤 잴 시간에 일단 내려와 경험해보는 게 더 큰 준비가 아닐까 싶어요. 그리고 농사를 지으려면 기술센터에 자주 가서 눈도장 찍고 귀농 선배들을 자주 찾아가야 해요. 이웃을 만나는 게 아주 중요한 일이니까요. 꼭 기존 방식으로 경제활동을 하겠다는 것은 답안지가 두세 개밖에 없는 거잖아요. 그런데 그것 중에서 틀릴 확률이 더 높으니까 자기가 가진 것을 해보고 아니면 다른 방식으로도 해보고. 꼭 귀농/귀촌이라 해서 남들 하는 것처럼 정해진 방식대로 살아야 하는 건 아니니까 거기에 대해서 좀 자유롭게 생각해보는 것도 괜찮아요. 특히 제일 많이 문의하는 사람들이 30대 결혼 안 한 처녀들인데, 저는 일단 오시라고 해요. 자기도 결혼하면 내려갈 텐데 하시는 분이 많은데 여기 와서 결혼해도 돼요. 일단 내려왔다가 만나서 결혼하는 경우도 많아요. 그러니 일단 저스트 두 잇. 시골이 되게 가능성이 많은데 아주 없게 느껴질 때도 있어요. 젊은 사람들이 많이 도전하면 좋겠어요. 꼭 농사 아니어도 문화예술 쪽도 좋고, 여기 와서 검도장 차린 분도 있고 여러 가지 해보면 좋을 것 같아요. 혼자 오는 게 무서우면 친구와 함께 오는 거예요. 한 달이나 두 달. 일 년 동안 백수로 지낸다고 생각하고 친구들이랑 함께 지내면 재미있을 거예요. 시골에서야말로 사람이 제일 큰 재산이라고 생각해요. 예전에는 여기서 저만 잘 살면 되겠거니 했는데, 누가 한 명 이사가는 게 커뮤니티에 엄청난 손실이더라고요. 그래서 한 사람, 한 사람 더 끌어들이고 싶어요. 더 재미있게 해줘야 오겠죠. 건더기가 있어야 올 테니까. 그렇게 계속 우리의 유기체를 활성화하고 싶어요. 미루면 더 못 해요.

김주영　지금 당장. 이런 생각을 하면 좋겠습니다.

이은정이
만난 사람들

친환경 먹거리 유통가 **이규웅, 마복주 부부**

감물면 매전리(안민동)

시골에서 살림하면서 가장 어려운 부분이 유통이었습니다. 덜 벌고 덜 쓰는 것을 신조로 삼아도 화폐는 필요하니까요. 귀농하셨고 유통에서 일하시는 분을 만나고 싶어 소개받은 분이 이분들입니다. 거창한 신념이 없어도 주어진 상황을 그대로 인정하고 기꺼이 자유로운 불편을 받아들인, 생활이 아름다운 가족입니다. 지식이, 앎이 머리로 쌓는 것이 아니라 소소한 실천으로 만들어가는 것임을 보여주셨습니다.

대안적 삶이란 선택한 것을
스스로 감당하는 것

어떻게 귀농을 꿈꾸게 되셨나요?

이규웅 귀농을 하겠다고 생각한 것은 오래되었어요. 특별한 이유는 없었고 시골에 대한 동경이 있었어요. 외가랑 큰 집이 시골이었는데 방학 때 내려가서 놀던 추억이 있었어요. 직장 생활이 도시 생활이 재미가 없었어요. 일에 쫓긴다는 생각이 있었죠. 그게 결정적 계기는 아니지만 하나의 경향성을 갖게 됐어요.《귀농통문》을 몇 년 꾸준히 받아 보고 슬쩍 집사람에게도 귀농해서 사는 사람들 이야기 있으니까 보라고 했어요. 그렇게 막연하고 자연스럽게 시골 가면 좋겠다 생각했어요.

본격 귀농 준비 이야기를 해주세요.

이규웅 직장 생활이 점점 힘들어졌어요. 〈내일신문〉 자회사에서 유통 쪽 일을 맡고 있었는데 월급은 많지만 아침 6시에 나가 집에선 거의 잠만 자는 생활을 할 정도로 무척 바빴어요. 처음 그 일을 시작할 때보다 귀농 무렵엔 월급이 두세 배 되었는데도 생활 수준은 비슷한 거예요. 그때 제가 얼마만큼 벌어대야 돈 버는 생활에서 벗어날 수 있을까 하는 생각이 드니까 막막하더라고요. 얼른 벗어나야겠다 하고 간절해진 거죠. 돈을 써야 돈을 버는 구조에서 벗어나고 싶은 것이 결정적이었어요. 이왕 할 바에는 40대에 해야겠다 싶었어요. 농사를 지을 때 많은 육체노동이 필요하고 또 농사도 아는 게 없으니 젊을 때 내려와서 부딪칠 거 빨리 부딪치고 50대에는 안정기에 들어서야겠다 생각했어요. 그렇게 2007년 가을에 3개월 코스로 집사람과 함께 귀농 교육을 받았어요. 그때도 자연스럽게 귀농하려면 부부가 함께 가야 한다고 생각했고 집사람을 어떻게 꼬셔야 하나 고민하다가 책도 함께 봤으니 교육도 함께 받아야 한다고 우겼죠. 그렇게 귀농에 대한 구체적 그림을 그렸어요. 그때 배운 것이 추상적이고, 구체적이지 못한 것도 있지만 저에겐 귀농을 어떻게 해야 한다는 도움을 많이 줬어요. 먹고사는 문제는 몸으로 부딪치며 해결하자 했고요. 집사람도 귀농학교를 다니면서 나름 꿈과 희망을 가졌고요. 2008년에 귀농할 생각이었는데 사표가 반려되어 직장을 1년 더 다녔어요. 그 1년 동안 어디로 귀농할까 하면서 전국 귀농지를 참 많이 다녔어요. 귀농운동본부에 지역센

터가 있으니 정보 얻으며 다녀본 거죠. 귀농학교 다닌 것이 자연스레 인적 네트워크를 만들어준 거죠. 귀농에 필요하다 싶은 것을 찾아다니고 배우는 시간이었어요. 지금 와 생각하면 귀농 교육이 단순 이론 교육이 아니라 사람 관계를 엮어준 중요한 역할이 되었어요. 홍성, 완주, 상주, 괴산의 귀농지역센터를 돌았는데 안내해주는 사람이 믿음 가서 완주군이 마음에 들었어요. 신뢰가 가고 살아가는 모습도 좋고 하니 막막한 심정에 일정 정도 저분에게 기대서 더불어 살아도 되겠다 싶었어요. 그러고 집을 구하는데 결국 완주에선 구하지 못했어요. 범위를 넓혀서 구했는데도 마땅한 집이 안 나타나더니 우연히 연락이 닿은 문광에 사는 후배가 빈집도 구해주고 사람도 소개해줘서 괴산으로 왔어요.

남편 분께서 귀농 교육 같이 받으러 가자 하셨을 때 담담하셨어요?

마복주 저는 교육받는 걸 환영하는 편이었어요. 도시 틀에서 벗어나 저만의 독립적이고 자립적인 생활을 하고 싶었거든요. 다만 제가 체력이 좋은 편도 아니고 에너지가 넘치는 사람이 아니니까 자신이 없었어요. 남편이 그런 부분을 감당하겠다 하면 그럼 좋지 하고 속으론 좋았는데 아무리 봐도 잘할 것 같지가 않았어요. 정말 자신 있냐, 저는 밭매고 사는 건 자신 없다 하면서 남편에게 계속 물어봤어요. 제가 생각하는 것은 생태형 귀농이 아니라 전원생활인데 나머지 생태적인 부분을 감당할 수 있겠냐고 다그쳤더니 이 사람이 귀농에 푹 빠져서 왜 자꾸 사람을 의심하고 불신하느냐며

막 성질을 내더라고요.

이규웅   제가 그랬나요?(웃음)

마복주   이 사람 성정이 워낙 시골에 적합한 사람이라 저도 내심 바라는 일이었어요. 헬렌 니어링과 월든의 책을 보면서 단순 소박한 삶을 꿈꿨기 때문에 교육받는 것이 좋았어요. 귀농지도 어딜 가든 상관없었어요. 어디 가든 사람 사는 곳인데 일반적인 경우와 예의를 차리면 살 수 있는 거라 생각했고 텃세라든가 하는 두려움이 없었어요.

아이들은 몇 살이었나요?

마복주   열여섯 살 된 중학생 큰 아이랑 이제 유치원 다니는 막내가 여섯 살이었어요.

중학교 3학년이면 고등학교, 대학교도 가야 하는데 교육에 대한 불안함은 없었나요?

마복주   그런 불안함은 전혀 없었어요. 단순 소박한 삶의 가치는 사람이 진정으로 행복한 것이거든요. 사회적 규범이나 현실에 자기를 맞춰가는 삶이 아니라 좋아서 택하는 삶, 자연과 함께하는 삶이 자연스럽다고 생각했기 때문에 아이들한테 나쁘다고 생각한 적이 없어요. 경쟁에 뒤처진다는 생각도 전혀 안 했어요. 그래서인지 아이들도 반대라고 할 것 없이 시골로 이사간다 했고요. 이 사회 관계 속에서 내 조건을 더 좋게 해야 삶이 윤택해진다는 경쟁적 관점이 식구들 모두에게 없었어요. 괜찮았어요.

이규웅 우리는 평온하게 귀농했어요. 주변에서 아이들 관련해서 비슷한 이야길 해요. 도시에서 직장 생활을 하면 주말 밖에는 가족과 함께할 시간이 없는데 그나마 주말에도 쉬거나 텔레비전 보며 자거나 하니까 아빠로서 가장으로서 가족과 함께하는 시간이 없더라고요. 귀농하는 목적이나 기대 중 하나가 시골 가면 애들과 함께 뭔 일이든 할 수 있겠다 싶은 거였어요. 마당을 쓸든 망치질을 하든 온전히 가족과 함께하고 싶었어요. 또 작은 애는 어리니까 시골이라는 자연에서 더 잘 성장할 수 있겠다 싶었어요.

처음에 완주에 마음을 두었다가 괴산에 터를 잡으시게 되었는데 괜찮으셨어요?

이규웅 큰 매형 집이 괴산이에요. 친근감이 있었던 거죠. 그리고 괴산은 머리를 굴렸다고 해야 하나 첫째로 수도권이랑 가까워서 좋아요. 귀농지를 선택하면서 시간 계산을 한 거죠. 완주는 서울에서 2시간 40분가량 걸리니까 내심 내려오는 사람들이 다녀가기에 부담스럽지만 괴산은 2시간 거리니까 원래 염두에 있었어요. 또 흙살림이란 친환경 단체도 있었고요. 그리고 땅값이 비싸지 않았어요. 지금은 좀 많이 올랐지만.

직장 생활 하시면서 끊임없이 벌어 끊임없이 소비한다는 말에 전적으로 공감합니다. 그와 다른 대안적인 삶은 무엇이라 생각하세요?

이규웅　직장 생활에서는 나란 자아가 존재할 수 없어요. 조직 내에서 '나'는 조직의 요구에 의해서 움직여야 하는 존재고 직장에 매여 있는 존재죠. 그런 삶에서 벗어나고 싶다는 생각이 들었고 건강을 위해 땅을 밟는 게 뿌듯하고 정서적으로 좋았어요.

마복주　인간이 살아가는 데 대안이라는 부분은 지금 와서 생각하니 따로 없어요. 지금 도시에서 돌아가는 톱니와는 조금 다르게 자유롭게 살겠다는 부분이 다른 건데 그게 대안은 아니에요. 현대 자본주의도 변형되어 사회주의적인 부분이 많이 가미되었고 여기에서 더 자본주의의 대안으로 이거다라고 생각했지만 그런 제도적인 시스템적 생각을 버렸어요. 살아보니까 정신적인 부분이 가장 커요. 자본주의 틀에 박혀서 의미를 찾지 못하는 생활에서 벗어나 뭔가 자신에게 충족되지 않는 제도에서 벗어나 독립적으로 살아가고 싶다면 자기 몸뚱이로 감당하겠다는 것이 대안이라 여겨요. 자연 속에서 살아가겠다고 하지만 여기서도 똑같거든요. 어떻게 생각하느냐에 따라 달라져요. 시골에 내려와서 마음을 바꾸지 않으면 첫 해는 경치도 좋고 공기도 좋고 마음이 들떠서 흡족하지만 여전히 마음에는 공허함이 있고 생계 문제도 그렇고 자식 문제도 그렇고 현실적인 문제에 부딪히면 생각이 달라져요. 자기 밑바닥에 현재 사회제도에서 경제적으로 더 좋은 것을 차지하려는 관성이 욕심이 남아 있더라고요. 1년 2년 시간이 지나면서 자꾸 깨지고 있지만 여전히 제 안에 남아 있어요. 이 사회제도의 이념적인 틀이나 이데아를 넘어선다는 것은 저 개인적으로 선언한다고 하루 이틀 만에 되는 것은 아니라는 걸 느끼죠. 생활 자체도 완전 독립해 암자 생활 하는 스님이 아니고서는 가능하지 않다는 걸 알게 되죠. 대신 자연과 함께하는 삶 속에서 도시에서는 해소되지 않고 정화되지 않는 만족은 충족이 돼요. 하지만 여전히 자기 문제는 스스로 해결해야 하는 거죠. 계속 공부하지 않으면 사회제도든 무엇이든 상관없이 도시에서도 자기 정신을, 마음 공부를 계속 해나가면 극복할 수 있다고 봐요. 시골에 와서도 공부를 계속해야 하는 것이죠. 다만 조건상 시골이 더 좋아요.

이규웅 우리는 도시를 회피하거나 혹은 삶이 어려워져서 도피한다거나 그런 것은 아니에요. 도시 생활 대안으로 시골 생활을 하는 것이 아니라 도시는 도시에 맞게 시골은 시골에 맞게 돌아가는 것이죠. 적응하는 과정, 인간 관계를 형성하는 과정, 재화를 벌기 위해 일하는 과정의 근본은 도시와 시골이 차이가 없더라는 것이에요.

마복주 도시에서 너무 자연과 동떨어진 삶은 개선할 필요가 있어요. 인간이 모태에서 가진 유전자가 있을 텐데 우주에 많은 잔해가 있잖아요. 고향을 그리워하는 잔해가 그대로 존재하는 자연으로의 회귀본능을 사람은 가지고 있는 것 같아요. 인간은 인위적인 틀에서만 산다면 거기서 오는 스트레스가 있어요. 쿠바가 가진 도시 문화처럼 자연을 느낄 수 있고 관찰할 수 있는 자연을 쉽게 접할 수 있는 환경이면 좋을 것 같아요.

귀농에서 가장 궁금해하는 것 바로 경제적 문제인데요, 초기부터 지금까지 어떻게 하셨나요?

이규웅 자금 계획의 첫 해는 그냥 까먹을 생각을 했어요. 통장에 얼마 있는가 보고 한 달에 150만 원 정도 쓴다 치면 일 년이면 1,800만 원 필요할 테니 일 년 동안은 어쩔 수 없고 이 정도는 쓸 수 있다고 가정하고 계획을 세웠어요. 어차피 내려가면 아는 것이 없으니 농사를 많이 지을 수 없을 테고 현금을 어떻게 벌 수 있을까 고민했죠. 그래서 만나는 사람마다 가는 곳마다 한 달에 50만 원 정도 벌 수 있는 일이 있는지 많이 물어보고 다녔어요. 사람들은 품을 팔든지 관공서에서 일하라고 조언들을 해주더라고요. 또 우리가 작게라도 농사지어서 팔면 되겠지 싶기도 했고. 첫 해는 그런 계획 속에서 쓰면서 살았어요. 땅도 안 샀고요. 생활비는 생각보다 많이 들지 않더라고요. 그 해 여름부터는 친환경 청년 단체에서 간사로 일하며 월급으로 50만 원씩 받았어요. 3개월인가 하다가 그만뒀지만. 또 농사지어서 매출을 1,200만 원 정도 올렸어요. 옥수수, 감자, 고구마, 브로콜리 등을 1,200평에 지었는데 매출이 그만큼 나오대요. 아는 분들 세 명이 함께 농사를 짓고 있었는데 같이 끼어서 농사도 배우고 도와주고 도움받고 했더니 그들과 똑같이 생산하고 직거래로 팔게 되었죠. 그해 괴산 송년회 자리에서 매출 1,200만 원 했다니까 다들 놀라더라고요.(우와~) 매출 1,200만 원 중에서 제가 쓸 수 있는 소득은 반 정도고 나머지는 농자재비가 되었죠. 둘째 해는 한여름에 농사짓고 괴산 고추 축제 때 마라

톤 참석한다고 뛰다가 허리 디스크가 발병해서 병원 신세를 졌어요. 그래서 농사 수입이 많지 않았는데 집사람이 보훈처 독거노인 돌보기로 80만 원씩 벌어서 생계를 꾸렸어요. 그렇게 하다가 10월에 흙사랑 법인에 직원으로 들어갔어요. 그때 월급이 120만 원이었고 그다음 해는 200만 원으로 올라서 지금까지 연봉 2,000만 원인 노동자예요.

마복주 지금까지 짬짬이 재화를 벌었어요. 이이가 법인에서 벌고 제가 1년은 좀 안 되지만 그 기간 돈을 벌고 또 품일 나가서 간간히 40만 원, 10만 원 벌고요. 학교 공부방에서 일하면서 50만 원씩 벌기도 했고요. 이 사람이 유기농 인증 간사로 급여를 받고 제가 번 돈을 합치면 지금까지 월평균 100만 원 넘게 번 셈이에요. 하지만 그것으로 생활은 안 됐어요. 처음엔 화폐를 안 쓰는 생활을 해야겠다 했지만 이 사람은 그게 안 되었어요. 귀농하는 것은 함께지만 서로 그리는 생활상은 달랐어요. 같은 침대 동상이몽이었던 거죠. 귀농한다고 해서 금방 바뀌지도 않아요. 이 사람은 평생 직장 생활을 했으니까 벌어서 쓰는 사람이고 저는 수시로 직장을 안 다니고 없으면 안 쓰고 하는 스타일이라 돈 문제에 무신경하기도 하고요. 또 처음에는 정착하느라 돈이 들잖아요. 트럭도 사야 하고 시골에 적합한 살림은 다 사야 하니까 돈이 엄청 많이 들었어요. 내려와서 벌지 않은 적은 없지만 들어가는 돈이 많으니 3년 동안 정착자금 다 쓰고 지금은 빚만 남았어요. 지금 문제는 남편이 직장을 그만두면 생활을 어떻게 하느냐인데 닥쳐봐야 알 거 같아요. 가봐야 알지만 그래도 굶어 죽는 사람은 없어요. 초등학교 학비는 다 국비고 대학 가면 어쩔지 모르겠지만 대학 등록금은 빚으로 가능할 거고. 또 동네에서 굶어 죽게 내버려두지 않을 테고 굶어 죽을 판이면 나가서 꿔 오기라도 하겠죠. 없으면 없는 대로 그 수준에 맞게 사는 거예요. 우리가 지은 이 집도 빚이고 땅도 빚인데 그 빚을 감당할 수 없으면 팔겠죠.(웃음) 전 이렇게 대책이 없는데 이 사람은 가장으로서 고민이 많겠죠.

흙사랑영농조합법인은 어떻게 들어가셔서 어떤 생각으로 일하고 계신가요? 조합 특성상 단순 생계 때문은 아닐 거라는 생각이 드는데요?

이규웅　고정 수입이 중요했어요. 일한 지 1년 반이 넘었는데 가족들이 잘 정착한다는 생각이 들고요. 귀농하는 과정에서 느낀 막막함, 농사, 사람 관계, 집 문제, 정착 문제, 먹고사는 것, 앞으로 잘 살아갈 수 있을까 하는 모든 문제에 대해 법인 회장님과 상의하면서 절대적 도움을 받았어요. 귀농하면 생각지 못한 여러 가지 문제에 봉착하는데 그분 도움이 컸어요. 집사람과 애들도 아주 좋아했어요. 친환경 회원이 50여 분 계시는데 그분들을 보면서 희망을 봤어요. 저렇게 친환경으로 농사지으면 살아갈 수 있겠구나 했죠. 제가 지역적으로 속해 있는 것 자체가 많은 도움이 되었어요. 운이 좋았죠. 우리가 친환경 농업을 하며 생태적 삶을 살아가는 데 딱 맞는 지역이에요. 흙사랑영농조합법인의 문제가 사람이에요. 시골에서 도시처럼 높은 급여를 주면서 경영자를 들일 수는 없어요. 여기는 귀농하는 사람들을 직원으로 받고 정착할 수 있게 도움을 줘요. 우리는 그것을 귀농 연착륙 프로그램이라고 지칭해요. 직원으로 일하면서 인프라를 구축할 수 있는 거죠. 그런데 그게 법인 입장에서 봤을 땐 마이너스예요. 어떤 조직이든 장기근속을 통해 조직이 발전하는데 그게 자꾸 단절되니까요. 저도 같이 고민하면서 동의했더니 저보고 그럼 네가 한 번 해봐라 해서 지금까지 일하고 있어요. 그때 전 농사지으러 온 거라 고민을 했는데 가족이 정착하는 데 고마움을 느꼈고 또 일정하게 조직의 사람 문제도 있고 재능기부도 한다는데 제가 이 감물 지역에 기여를 해야겠다 싶었어요. 제가 뛰어난 능력이 있진 않아도 직장 생활에서 유통을 해봤으니 한 번 해보자 했어요.

흙사랑영농조합법인은 어떤 조합인가요?

이규웅 2001년에 3명이 모여 '흙살림감물모임'으로 시작했어요. 2003년 10월 영농조합을 결정했고 2004년 흙살림면지회가 생겼고 2005년 '흙사랑'으로 재창립했어요. 지역 농민이 중심이 되어서 지금 회장님이나 대표 주요 분들이 감물 지역의 친환경 모임으로 출발했어요. 지역 농민들이 친환경 생산을 하는데 유통을 어떻게 할지 고민을 한 거죠. 회원 수도 많아지고 생산물도 많아지고 면적도 50헥타르가 넘으니까 유통이 필요해 직원을 두고 유통하고 회원들은 생산을 하기로 했어요. 처음엔 출하가 힘들었는데 점차 생협을 중심으로 움직이게 되었어요. 지금은 아이쿱, 한살림, 생협과

관계를 맺고 거의 다 그쪽으로 나가요. 다른 유통 단체가 눈여겨보는 것이 흙사랑영농조합법인은 안전하다는 평판이 났어요. 회원들이 그로 인해 자체 규정을 강화하면서 품질을 관리하고요. 흙사랑은 지역에서 친환경 농사 짓는 사람들의 안정적 기반이 되는 것을 기본 목표로 매출 구조를 만들었어요. 일반 농사는 시장에 따라 가격이 오르기도 하고 폭락하기도 하는데 친환경 농사는 일정한 가격을 유지하죠. 10년 동안 친환경 농사 짓는 조합원이 말씀하시길 일반 농사 지어도 버는 것은 마찬가지였을 거라고 하시더군요. 약정된 양과 물량 단가로 움직이거든요. 시장과는 다르게 움직이니 농사만 잘 지으면 일정 금액을 보장받을 수 있는 거죠. 친환경 농산물을 해보니까 많이 부족해요. 전국적으로도요. 시기적으로 특정 상품이 과물량일 때도 있는데 전체적으로는 부족해요. 수

요에 비해도 늘어나지 않고요.

흙사랑은 원래 영리 조직이에요. 어떻게 운영하느냐에 따라 영리 조직인지 회원들의 조직인지 판가름나죠. 우리는 형식적으로는 법인이지만 회원 조합 성격이 커요. 매입·방식이 아니죠. 판매해서 매출이 발생하면 매출을 발생시키는 비용도 함께 발생해요. 물류비, 포장비, 이런저런 판매비용이 그것이에요. 그리고 법인 운영도 직원 월급과 전기세 등이 나오니 그런 것들을 수수료로 책정합니다. 수수료는 7%인데 채소는 7%고 손이 조금 덜 가는 쌀이나 잡곡은 4%로 그 수수료로 경상비를 확보하는 방식입니다. 그래서 법인이 자금 여유가 없어요. 농가 입장에서는 판매대에서 수수료 빼고 별도 조합비는 없어요. 장사하는 관계가 아니라 회원들이 만든 조합이니까 회원들 입장에서 운영하려고 노력해요. 그러니까 직원들 월급이 올라가지 않아요. 그러면 회원들 소득이 줄어드니까요. 그러다 보니 올려달라 하기도 힘들죠. 그래서 제가 농가 수익이 전혀 변동 없이 유지되는 선에서 법인 자체 가공사업을 해서 월급을 올리겠다 했어요. 내 월급은 내가 벌어서 가지고 가겠다, 내 월급의 가치는 내가 올린다는 거예요. 일을 하다 보면 월급 100만 원 적어요. 그렇다고 조합원에게 그 부담을 안길 수는 없어서 법인 가공사업을 하게 되었어요. 그렇게 해서 3년차에 연봉 2,000만 원이 됐어요. 그래도 조합이 어려운 이유는 여전히 인적 자원 때문이에요. 월급이 적고 출하 시기는 쉬는 날도 없이 바쁘고 늦게까지 일하고 사람이 지치죠. 사람이 지치지 않게 주변에서 여건을 어떻게 만들어주느냐가 관건이고 법인이 계속 수익 사업을 해서 여건을 만들려고 해요.

괴산은 귀농하신 분들이 많아서 친환경 농산물이 많을 텐데 의외네요. 귀농자 수가 모자란 걸까요, 친환경 농사가 적은 걸까요?

이규웅　기존 농민도 줄고 또 농민이 면적을 줄이거나 그만두거나 해서 그래요.

마복주　친환경 농산물에 대한 이해도가 높아졌어요. 예전엔 유기농 하면 일부 특권층이 소비했지만 지금은 대중화되었고 그만큼 수요가 늘었다고 볼 수 있죠. 하지만 친환경 농사는 한계가 있어요. 물론 부직포도 쓰고 하면서 친환경 농사법이 발전했는데 한 가정이 지을 수 있는 규모가 한계가 있어요. 그리고 농사지으시는 분들이 다 나이가 많아요. 기존 회원들이 다 60~70대인데 그분들은 면적을 늘릴 수가 없어요. 그런데 그만두시는 분들을 대체할, 생태 농업에 의의를 둔 젊은 사람들이 그만큼 생산을 할 수가 없어요. 같은 면적을 농사지어도 그 노인 분들의 생산량을 따라갈 수가 없는 거죠. 농사도 기술이거든요. 귀농자 한 사람이 농민 한 사람을 대체하지 못하니 물량이 부족한 거예요. 우리처럼 귀농인들은 판매할 수 있는 자체 유통망을 가질 수 있어요. 노인들은 도시 유통망이 없어서 힘들었는데 우리는 그 생산량을 채우지 못해서 힘든 거죠. 그렇다고 공장제로 늘릴 수 있는 것도 아니고요. 농민들도 친환경 농산물 가격이 올라가고 소비가 대중화되니까 하고 싶긴 하지만 친환경 농사를 짓기 위해선 옛날처럼 풀 매면서 해야 하는데 그건 힘들죠. 친환경 농사의 어려움이 그런 거죠. 4인 가족이 친환경으로 지을 수 있는 농사 한계 평수가 대략 2,500평이라고 일반적으로 얘기해요. 그런 평수로 넉넉히 먹고살기 힘들고, 그렇다고 일반 농민 1명을 대체하려면 귀농자 5명은 있어야 하는데 그 수는 못 따라주는 게 한계죠.

이규웅 우리 영농조합이 그래서 좋은 거예요. 젊은 귀농자는 일을 배우고 유통을 하고 농민 분들은 생산을 하고요.

흙사랑영농조합법인은 한살림이나 생협에 납품하는 일종의 회원들 집하 장소가 되는 거네요. 따로 직판매 인프라를 갖추시거나 그런 작업들을 고민하진 않으셨어요?

이규웅 직거래를 많이 못 했어요. 구조적인 문제도 있고. 전부터 조금씩 해봤는데 확장이 안 되더라고요. 하려면 아파트 단지나 교회 같은 곳을 통해 또 지속적으로 관리해야 하는데 그런 인력이 없어요. 지금 인력 구조로는 그런 걸 할 수가 없어요. 상근 인원 몇 사람 빼고 회원들은 농사짓기도 힘에 부치니까요.

마복주 작년에 흙사랑을 사회적 기업으로 만들면서 아주머니 몇 분을 채용하고 자체 수익 사업을 하는 것이 도움이 되긴 하지만 가공품을 만드는 일은 벅차요. 시골에서 대규모로 조직하려면 인력이 가장 큰 문제예요. 그런 기업을 조직하고 경험한 인원들은 조용히 살고 싶어서 시골에 내려온 사람들이니까, 그게 싫어서 온 사람들이니까 쉽지 않고. 또 도시보다 인프라 구축이 안 되어 있으니 맨땅에 헤딩하는 격이에요. 도시는 시골보다 아무래도 조직이나 임금 그런 게 더 체계적이니까요. 시골은 개인 농부들이 번듯한 회사 구조가 아니니까 사람이 바쁠 땐 일하고 놀고 싶을 땐 하루 종일 놀기도 하는 습성을 가진 데다가 조직을 만들려면 사람도 만나야지 기획하고 기안하려면 사람도 없는 데다 사람과 사람 사이 공동체 문제가 발생해요. 일례로 귀농한 분들이 마을 사업을 지원받아서 시도하다 산산히 부서지는 경우가 많은 이유기도 해요. 새로운 사람들이 좋은 뜻을 가지고 만나도 인간 개개인의 마음은 심히 도를 닦지 않으면 그 공동체는 깨져요. 이 영농조합법인은 누구나 가입할 수 있어요. 흙살림 인증 기준에 맞게 일지 쓰고 농약 쓰지 않는다는 조건이 있어요. 이 친환경 인증은 개인이 아닌 단체 인증이죠. 단체 실무자들이 농지를 돌아다니면서 인증해주면 누구나 회원이 될 수 있어요. 친환경 인증 기준에 맞춰서 생산할 마음이 있다면 가입과 탈퇴가 자유로워요. 회원 가입비도 10만 원이고요. 지역에서 자생적으로 만들어진 친환경 조직이라서 다른 곳과는 좀 차이가 있어요. 이념적 가치나 그런 게 아니에요. 농사짓는 방법 중에 친환경 농사를 선택하신 분들이라 이념적 가치가 다르다 해서 배제하지 않아요.

이규웅 귀농자들이 농사를 지어서 이걸 어떻게 팔 건가 하는 막막함이 있어요. 직거래가 의외로 어렵기도 하고요. 흙사랑영농조합법인이 출하 문제를 해결할 수 있어요. 눈에 보이지 않는 도움을 지역에서 받는 거예요.

마복주 생계를 위해 직거래를 하게 되면 그것도 일이에요. 매일 포장하고, 전화받고, 또 회원관리도 해야 하는데 그것이 많이 힘들어요. 유기농 절임배추 하시는 분들도 이제 직거래는 그만해야겠다는 말씀 많이 하세요. 물건이 왜 이러냐 잘 갔네 못 갔네 하는 부분까지 다 개인이 처리해야 하니까요. 그러다 보니 귀농자들도 도시에 알 만한 사람이 있어도 그냥 조합에 내는 게 더 좋아요. 차라리 그 시간에 다른 것을 하는 게 효율적이에요.

앞으로의 계획을 들려주세요.

이규웅 조합에 들어갈 땐 최소 3~4년은 해야지 싶었는데 2월 말 총회하고 그만두기로 했어요. 집안 문제긴 한데요 원래 귀농한 취지가 가족들과 함께 오순도순 알콩달콩 티격태격 이런 걸 같이 하려고 왔는데 그게 어려워요. 첫 해 둘째 해는 같이 했어요. 출퇴근을 해야 하는 생활을 하다 보니까 귀농한 취지에 맞지 않는 생활이 된 거예요. 2010년 여름에 집을 지었어요. 집을 짓는데 저는 바빠서 거의 다 지어질 무렵, 100일 정도 지나서 와봤어요. 저 사람이 목수하고 같이 지었어요. 집을 짓고 나서도 할 게 많은데 정작 저는 아무것도 못 했어요. 텃밭도 농사도 제 생활이 없어요. 조합 일에만 신경을 쓰다 보니 저 사람이 속으로 병이 났어요. 울화병. 저에 대한 원망 화살이 생기는데 그건 좀 아니더라고요. 여태 조합에서 2년 일했으니 이제는 가족과 함께 집안 단도리를 해보자

는 생각이 들었고 지금은 조합을 정리하는 과정이에요. 해야 하는
데 잠시 물러나보자. 그만두었다 해서 도시처럼 끊어지는 게 아니
니까요. 제 농산물을 조합에 출하해야 하고 또 직원들 지치지 않
게 도와주기도 해야죠. 브로콜리 곁순 나물을 할 철이 되면 제가
곁순 나물 팀장이 되어서 일하면 되는 방식으로요. 직원들은 출하
작업에만 전념할 수 있게 도와주는 역할을 맡으면 되겠다. 그런 측
면에서 지원 역할을 할 수 있다는 생각이 들어요. 그만둔다고 크
게 달라지는 것은 없다고 생각해요.

앞으로 계획하시는 삶의 방향은 무엇인가요?

이규웅 첫 해 직거래하면서 느낀 기분을 다시 소통하고 싶어
요. 직거래하면서 번거로운 일도 많지만 제가 생산한 것을 먹고 좋
았다는 분들이 있으니까 막 에너지가 생겨요. 귀농 교육 하면서 식
량 위기, 에너지 위기 같은 이야기를 많이 들었어요. 저 역시 돈을
벌기 위한 황금성 작물 말고 우리의 먹거리를 지키는 농사를 많이
짓고 싶어요. 저와 연관된 사람들은 안전한 먹거리를 먹고 전 그것
을 잘 생각해서 공급하는 거죠. 그런 게 희망이 되고 먹고사는 방
편이 될 수도 있으니까요. 또 한 가지가 안민동 마을을 어떻게 할
까 그런 생각을 해요. 20가구 정도 되는데 노인 분들이시고, 근래
에 젊은 분들이 몇 가구 들어왔는데 귀농이 아닌 귀촌하신 분들
이에요. 아직까지 마을에서 농사짓는 분들과 나이가 많아 농사 못
짓는 분들과 함께 마을에서 뭔가 할 수 있을지 고민 중이죠. 이곳

에서 나는 산나물을 채취해서 산나물 세트를 만들어본다든가 하는 거죠. 큰 돈은 안 되겠지만 작은 용돈벌이가 될 수 있고 마을 사람들과 함께 하는 마을 사업이 될 수 있겠다 싶어요.

귀농/귀촌을 꿈꾸는 이들에게 선배로서 조언을 해주세요.

이규웅 괴산 군청에 귀농 담당하시는 분이 누군가 찾아오면 제 연락처를 줘요. 그렇게 인연되는 분들을 보면 몇 부류가 있어요. 어떤 친구는 준비를 잘했어요. 귀농하면 가족들이 어떻게 편안하게 지낼 수 있을까, 수입을 어떻게 올릴 것인가, 교육도 받고 귀농하면 바로 실행해서 살 수 있게 준비를 했더라고요. 그 친구가 탐이 나서 안민동에 스카우트했어요. 사람도 좋고 저런 놈하고 같이 하면 뭐든 할 수 있겠다 싶었죠. 그런 사람은 마구 도와주고 싶은 거예요. 땅이 필요하다 하면 이장님한테 가서 젊은 친구가 있는데 하면서 나서서 도와주죠. 반면 아무런 준비 없이 귀농하고 싶다는 막연한 꿈으로 말만 하는 분들도 있어요. 준비가 안 되면 어떤 대화도 할 수 없어요. 그런 분들한테는 준비가 안 된 상태에서는 버틸 수가 없고 돈도 금방 까먹는다 혹은 돈이 좀 있으면 지나다 마음에 드는 땅이 있으면 부동산에 가서 사시라고 말씀드려요. 그렇지 않다면 지금 하시는 일 계속 하시면서 1년 정도 최소한 교육이라도 받고 교육받는 과정에서 귀농에 대한 철학이나 방향이 생길 테니 그 뒤에 결정하시라고 하죠. 저는 귀농 교육 받으면서 생태적이고 자립적인 생활을 하자는 것이 귀농 철학이었어요. 귀농 교육에서는

그런 귀농 철학을 설정할 수 있고 실전과 같은 일은 교육에서 생긴 네트워크에서 보고 배우고 느끼면서 감을 잡을 수 있고 같이 어울려 살 수 있는 사람이 생겨요. 그렇게 네트워크를 준비하고 만나는 사람은 반은 성공한 거예죠. 귀농이 사람을 만나는 과정이기 때문에 좋은 사람을 만날 준비를 해야 하는 거죠. 삶의 방식이 완전히 바뀌는 거예요. 직장을 옮기는 것과는 확연히 다르게 삶의 방식이 완전히 바뀌는 거예요. 나름의 철학과 귀농에 대한 입장이 있어야 해요. 또 시골도 사람과 어울려 살아야 하고 그 속에 도시와 똑같은 갈등이 생기는데 염치 없는 사람이 되어서는 안 돼요. 아는 체 가진 체 배운 체 다 필요없어요. 사람들과 함께 살아갈 때 괜찮은 놈이라는 말을 듣게끔 노력해야 해요. 그래야 농사짓는 거, 땅 사고 집 사고 하는 모든 것에 득이 돼요. 그런 모든 것이 인위적인 것이

아니라 마을 사람과 지역 사람들과 함께 하면서 자연스레 주고받
는 거예요.

08

행복한 마을기업을 꿈꾸는 농부 **김용자, 최은진**

사리면 소매리 '깨가 쏟아지는 마을'

귀농은 가족 단위로 하는 것이 보편적입니다. 다양한 분들을 인터뷰하고 싶은 저는 결혼하지 않은 채 귀농한 분들을 찾던 중 야구하는 처녀 농군을 선배에게서 소개받았습니다. 심지어 마을사업으로 법인을 세우고 지역과 함께 하는 귀농을 실천하고 계신 분이었습니다. 실패하면 그조차 경험이라고 웃으며 이야기하는 멋진 분. 그녀들의 귀농은 개인 역량과 팀 역량이 합쳐져야 승리하는 야구와 닮아 있습니다.

몸으로 부딪치며
경험을 쌓으면 길이 보인다

두 분은 처음부터 함께 귀농하신 건가요?

김용자 희망제작소에서 만났어요. 2009년 1월에 같이 일을 했어요. 희망제작소는 연구소지만 독특한 운영방식을 가진 곳이에요. 부서가 구분되어 있지만 프로젝트 단위로 함께 일을 많이 했어요. 그때 박원순 변호사님이 지역 순례나 일본을 비롯한 해외 탐방을 많이 하셨어요. 아이디어 실천도 있고 지역 현장을 보면서 배우기도 하고. 전 지역 담당이었고 은진 씨는 해외 프로젝트 담당이었어요. 박 변호사님과 일본 현지 견학을 하면서 지역에 관한 고민을 함께 했어요. 원래 지역에 관심이 많았는데 희망제작소와 박 변호사님께서 생각할 기회를 주셨어요. 이 친구도 지역에 관심이 많았고 함께 일을 하면서 많은 생각을 공유하고 공감하게 되었고 자연스럽게 함께 귀농하는 것으로 생각이 모아졌어요.

그게 언제인가요?

김용자 2006년에 농촌공사에 들어가서 일했어요. 시골에 내려가기로 결심하고 준비하는 기간 동안 가장 근접한 일을 하려고 들어간 곳이죠. 농촌 활력 부분에서 일할 사람을 뽑았고 제가 생각한 곳이라 들어간 거죠. 역시 지역을 많이 다녔어요. 균형 발전, 지역 발전 등을 현장에서 많이 보고, 정부 위탁 사업을 많이 하는 곳이라 사람들도 많이 만나고 배우게 되었죠. 그 경험을 우리 고향에 가져가서 펼치면 뭔가 활력이 생기겠다 싶었어요. 유기농, 소농, 다작목, 직거래, 이런 키워드를 가지고 내려온 거예요. 그러면 이 지역을, 농촌을 살릴 수 있겠구나 생각하게 된 거죠. 2년 동안 귀농을 준비했고 집에도 설득하는 시간을 가졌죠. 몸도 힘드신데 제가 내려가서 돕겠다고요. 당연히 집에선 끝까지 반대했고 아마 지금도 마땅찮으실 거예요. 그것도 설득하는 기간이라 생각하고 내려왔죠.

귀농 전에 어떤 삶을 살았는지, 갑자기 왜 희망제작소에서 지역 균형 발전에 관심을 갖게 되셨나요. 왜 다른 형태의 삶을 꿈꾸게 되셨나요?

김용자 대학에서 도시공학을 전공했어요. 졸업 후 취업 준비 하다가 경기개발연구원에 들어가게 되었어요. 그곳이 지역 개발 연구소예요. 주로 도시 계획을 하는 곳이죠. 서울을 제외한 전 지역을 다녔거든요. 그때 파주, 연천 같은 곳은 상황이 처참했어요. 도시 계획이든 지역 계획이든 정부 보조를 받는데 답사를 다녀보니 박사들 쓰는 연구 보고서가 쓰레기더라고요. 지역 주민 공청회에 가면 지역 주민들이 다 필요없다며 주민이 바라는 열 가지 중 한 가지만 해달라 하지만 박사들이 쓰는 보고서는 계획만 휘황찬란해요. 다 쓸데 없는 그림이죠. 다 자기들 먹고살려고 하는 거니까. 2년 동안 그런 거 보면서 문제 의식이 생겼어요. 그러다가 시민단체에 들어가게 되었어요. 그게 경실련 도시계획센터예요. 그곳에서 하는 일은 그린벨트해제 반대 같은, 도시 계획에서 잘못된 정책을 분석하는 것인데 자연스레 사회 문제에 관심을 갖게 된 거예요. 그전에는 먹고사는 문제, 취직 문제 등 단순한 일로 고민했는데 경실련에 들어가서 사회 문제에 뛰어들게 된 거죠. 저는 얘기만 하는 것을 싫어하는데 매일 술을 먹으면 밤새 토론하고 같이 있으니까 자연스레 비판적인 시선을 갖게 되었어요. 다양한 이슈의 다양한 사람을 만나면서 그전에는 제가 할 수 있는 일을 찾았는데 제가 해야 할 일을 해야겠다로 바뀌게 됐어요. 경실련 일을 5년 넘게 했어요. 공공부분 예산 감사, 건설 입찰 문제 제기 등. 그런데 그게 다 계란으로 바위치기더라고요. 어디 가서 토론하면 아무리 합리적인 주장을 펼쳐도 소용없어요. 나름 열심히 한다고 하는데 안 되더라고요. 제가 할 수 있는 일을 해야지 싶었어요.

그래서 대학 때부터 관심 있던 농촌 지역 일을 알아보았고 자연스레 순차적으로 여기까지 오게 된 거죠. 대학을 졸업하면 할 수 있는 일을 하고, 그다음엔 해야 하는 일을 하고, 그다음엔 하고 싶은 일을 하고, 그다음엔 잘하는 일을 하겠죠. 지금은 하고 싶은 일을 하고 싶어 내려왔는데 잘하는 일인지는 시간을 보내봐야 알겠죠. 좋아하고 해야 하고 잘한다면 일은 잘되겠죠. 이게 제가 꿈꾸는 삶의 형태예요.

최은진 저는 희망제작소가 스물다섯 살 첫 직장이었어요. 대학에서 사학을 전공했고요. 기자가 되려고 1년 반 준비했는데 잘 안 되고 그런 와중에 희망제작소 공고가 나왔어요. 사회단체에서 이슈파이팅을 해왔는데 씽크탱크로 연구를 한다 해서 지원했는데 일할 수 있게 되었어요. 거기서 제가 제일 어렸어요. 일본어를 좀 하다 보니 해외네트워크 파트로 배정이 되었어요. 초창기 25명이 준비해가는 시기여서 박 변호사님과 해외에 갔다 오게 되고 후반으로 갈수록 제가 해외도시라이브러리 프로젝트를 맡았어요. 그 일은 해외 지역 정보 등을 모으는 작업이에요. 연구회도 만들었는데 그때 용자 선생님과 저, 다른 한 분이 함께 했어요. 그만둘 무렵 귀농하자는 이야기를 나누었고 동참하게 되었어요. 제 시골 경험은 학생회 활동할 때 농활 다녀온 것이 전부인데 단순무식해서 서울엔 많은 사람들이 살고 있고 사람 없는 지방에 가서 일하면 더 많이 기여할 수 있겠다 싶었어요. 또 사람 많은 곳을 싫어하는 성향도 있고요. 귀농하기로 마음 먹으면서 이것저것 하고 싶은 것도 생기고 제 안에 귀농하는 것이 설정된 거예요. 귀농 자체에 끌린 것 같아요. 용자 선생님 계신 곳이 비빌 언덕이 되니까 고민 없이 내려올 수 있던 거죠.

김용자 처음엔 어머니 집에서 함께 살았어요. 어머니 집은 다섯째 언니랑 조카 셋이랑 한 집에 바글바글하죠. 방 한 칸 얻어서 살다가 여기를 지어서 나왔어요.

저는 월급 없으면 바로 도시 빈민이라는 이야길 하거든요. 고정적 수입이 없어지고 터전이 마련되지 않은 상태에서 결행하기가 쉽지 않은데, 그 모든 현실적 문제를 뒤로하고 이곳으로 내려오게 된 용기는 어디서 온 건가요?

김용자 농촌공사에서 2년 동안 바짝 돈을 모았어요. 올 때 전세금도 뺐고요. 농촌공사를 그만둘 때 저와 한 팀이던 팀장님과 같이 그만뒀는데 그분이 팀원을 챙겨주고 싶은 마음에 프리랜스 일거리를 계속 주셨어요. 지역 발전 컨설팅 일이기 때문에 제가 잘하는 일이에요. 정부에서 하는 향토사업에 대해서는 전 과정을 아니까 지역에서 컨설팅 요구가 굉장히 많이 들어와요. 그걸로 생계를 유지하고 있죠. 그렇게 번 돈은 '깨가 쏟아지는 마을'에 넣고 있어요. 그리고 먹고사는 문제는 걱정을 안 했어요. 적게 벌면 적게 쓰고 또 집이라는 비빌 언덕이 있잖아요. 다른 곳이 아니라 집으로 들어가는 것은 아무 부담이 없어요. 제가 못 먹고 살면 어머니가 먹여 살려줄 텐데 뭐가 걱정이에요. 또 일당 품을 팔아도 5~6만 원은 벌 수 있고요. 저희 처음에 내려와서 건설현장에 팔려간 적

도 있어요. 어머니가 보기에는 농한기에 일하지 않고 노는 거 같잖
아요. 어머니 보기엔 컴퓨터만 쳐다보니까 일을 받아 오신 거예요.
약속해놔서 꼭 가야 한다고 해서 꼭두새벽에 일어나서 갔더니 건
설현장이더라고요. 지금 증평에 있는 제일교회라고 그 현장에 가서
못 줍고 잡일 했어요. 내가 이거 하려고 내려왔나 싶지만 어머니는
모르시니까 어쩔 수 없는 거죠. 그런데 현장에서 5만 원 주는데 그
것도 기분은 괜찮더라고요. 먹여 살릴 가족이 없다는 게 얼마나 홀
가분한데요. 또 꿈꾸는 미래가 있으니 힘들지 않았어요. 제가 정부
보조 사업 따내는 데 전문가잖아요. 지금 하는 '깨가 쏟아지는 마
을'도 보조받아 시작한 거예요. 다른 사람들이 말하기엔 눈 먼 돈
이라 하지만 저는 그게 종잣돈이라 여겨요. 종잣돈 받았다가 서류
에 치여서 된통 당하고 있는 중이에요.(웃음) 특기 적성을 살린다
면 먹고사는 일은 해결이 되죠. 법인을 시작하기 전 은진 씨는 학
원에 나가 생활비를 벌었어요.

지금 중심적으로 하고 있는 일은 무엇인가요?

김용자 제대로 된 농사일을 배우고 있어요. 논을 밭으로 바꾸
고 무대포로 옥수수를 해보자 해서 열심히 농사지어 팔아보았죠.
살면서 누구한테 물건을 팔아본 적이 없어서 친구한테 옥수수 좀
사달라고 해야 하는데 입이 안 떨어지더라고요. 그래서 첫 해는 우
리가 지금껏 살아오면서 감사했던 사람들한테 선물로 보내자 했어
요. 100상자 넘게 보냈는데 선물을 좋아하더라고요. 그다음엔 단호

박을 심었어요. 단호박은 도매 시장에 싸게 넘겼어요. 그다음은 깨인데 심는 거 거두는 거 터는 것까지 어머니가 많이 도와주셨어요. 우리한테 어려운 부분이 날씨를 알 수가 없는 거예요. 뭔가 계획적으로 해야 하는 거라 생각하지만 농사는 계획으로 하는 게 아니에요. 날 봐서 내일 비올 것 같으면 오늘 당장이라도 해야 하는데 그게 어려운 부분이에요. 딱 그 시기에 우리는 다른 돈 벌 일이 있어서 다녀오면 어머니가 다 해놓으시죠. 농사란 것이 작물을 위해 시간을 열어놔야 하는데 우리가 그걸 못하니 결과적으로 일은 벌여놓고 어머니가 마무리하고 했어요. 그렇게 농사일을 배우고 지금은 '깨가 쏟아지는 마을' 일을 하고 있어요.

깨가 쏟아지는 마을 법인은 무엇인가요?

김용자 농촌공사 다닐 때 전국의 특산물 특화산업, 향토산업 이런 걸 봤는데, 깻잎은 있는데 그 흔한 깨로 하는 사업은 없더라고요. 깨가 가진 이미지도 좋았어요. 고소하고 긍정적이고요. 농약을 많이 안 쓰는 작물이고 마을의 모든 할머니 할아버지가 짓기 때문에 마을 사업으로 가장 적합하겠다 생각했고 우리가 해야겠다 해서 만든 법인이에요. 농촌에서 1차 농산물 판매는 수입이 얼마 되지 않아요. 가공해서 판매해야 부가가치를 높일 수 있어요. 그전부터 '깨가 쏟아지는 마을'을 해야지 노래를 불러서 시작했는데 가공 판매를 하기 위해서는 법인을 만드는 것이 좋겠다 싶어 법인도 만들었죠. 법인을 만드는 데도 시간과 비용이 들어요. 시골에서 행정적

처리를 하는 게 불편했어요. 서울과 같이 수월하지 않더라고요.

왜 법인을 만들 생각을 하셨나요?

김용자 법인을 만들어야 정부 보조 사업을 할 수가 있어요. 행정안전부에서 하는 마을기업육성사업이 있어요. 행안부에 친구가 있어 알려줬는데 신청해서 통과하면 지원금이 5,000만 원 정도 돼요. 작년부터 기획했고 우리가 하고 싶은 것을 담아보자 해서 신청했는데 통과됐죠. 행안부에서 지원을 받으려면 최소한 법인 형태가 되어야 한다 해서 법인을 만들게 된 거예요. 우리 마을 분들 중심으로 일일이 찾아다니며 깨를 가지고 이런 것을 하려고 한다 설명하고 동의를 받았어요. 조금이라도 농사를 지으신 분들 위주로 사인을 받아서 하게 되었어요. 깨를 가공해서 판매하는 게 주 일이에요. 그 이외에도 연구사업, 교육사업, 도농직거래사업, 체험사업, 농산물 생산도 하고 가공 판매도 할 수 있고요. 그중 먼저 깨를 가공해서 판매해보자 한 거죠. 그다음에 교육사업과 체험 프로그램을 만들고 지역 발전 개발에 관련된 일을 해보려고 해요. 지금은 생산해서 가공하고 이제 제품이 나온 거죠. 이 법인 설립도 자기 자본이 있어야 하는데 안 해본 일을 하다 보니 자부담이 자꾸 늘어가요. 자부담이 10%인데 지원금보다 더 들어가서 적자상태예요.

법인을 만들면서 힘든 부분은 무엇이었나요?

김용자 행정 처리 문서 수발이 너무 힘들어요. 돈도 늦게 나오고요. 지원금 기다리고 있으면 자꾸 서류가 미비하니 보충하라고 하죠. 필요한 걸 한꺼번에 이야기해주면 좋을 텐데 그때 그때 말하니까 힘들죠. 공사는 8월에 마무리했는데 지원금이 안 나와서 대금 독촉받고 빚 독촉에 시달리는 빚쟁이가 되기도 했어요. 이렇게 처음 겪는 경험들이 모두 시행착오라 생각해요.

지금 일은 어느 상태까지 왔나요?

김용자 지금 단계는 제품을 만든 단계고, 그다음으로 어떻게 판매할지 고민 중이죠.

첫 해 농사지을 때 식구들한테 폐를 많이 끼쳤는데 우리의 시간 개념과 다르게 생각하시니 답답하셨나 봐요. 저는 3년 정도 농사 짓는 것만 익숙해지면 하나씩 해나가고 싶었는데 1월에 지원사업이 통과되면서 그게 동력이 되어 빠르게 잘 풀렸어요. 자극이 되는 계기가 필요했어요. 행안부 마을기업이니까 책임감을 가지고 해야 할 것 같고요. 우리 마을에선 요주의 인물이에요. 애들이 뭘 하나 궁금해하시죠.

작년에 옥수수를 선물로 보냈는데 올해는 어떻게 팔까 고민하다가 편지를 다 보냈어요. 그동안 선물받은 사람들이 새끼를 치더라고요. 그래서 10kg 100개가 300개로 늘어나서 다 팔았어요. 그 매출이 600만 원이에요.

옥수수를 300자루나 팔았다면 생산한 기름도 그분들에게 팔 수 있는 길이 열리지 않을까요?

김용자 지인 판매는 어려워요. 올해 옥수수를 드신 분들이 또 드신다는 보장도 없고 새끼친 분들도 마찬가지고요. 그분들이 기름을 사서 드신다는 것도 어려운 일이에요. 더구나 기름병은 유리라서 택배 보내는 것도 고민이에요. 택배 비용도 만만치 않고요. 착불은 결과적으로 가격이 올라가고요. 마트를 뚫어야 하나 생활협동조합을 뚫어야 하나 고민이에요.

귀농하면서 실수나 시행착오가 있으실 텐데요?

최은진 정부 보조 사업을 고민 없이 섣불리 시작했다는 거예요. 신중하게 판단해야 해요. 사업은 생각하고 계획한 것보다 반의 반 속도로 느리게 가요. 예를 들면 올해 계획은 시설 갖추고 건물 짓고, 집도 만들고 9월부터는 판매해보자는 것인데 이게 뜻대로 안 돼요. 집만 봐도 1~2월에 끝나야 하는데 5월에 끝나고 시설은 3주면 짓는다고 했는데 3~4개월 걸렸고요. 설비도 오래 걸리고 지원금도 8월에 받아야 하는데 12월에 받았어요. 마을기업 진행 시간과 농사 계획 시간도 자꾸 엇갈렸어요.

귀농해서 어려운 부분은 무엇인가요?

최은진 특별히 어려운 것은 없는데 지금 벌여놓은 게 너무 많아서 어려워요. 이게 다 하고 싶은 일이고 중장기적으로 필요한 일인데 그걸 다 겪을 수밖에 없는데 결과가 나오려면 시간이 필요해요. 그 과정이 물리적으로 힘들고 여러 가지 벌여놓으니까 일에 구멍이 보여서 그게 안타까워요. 그렇다고 그걸 어쩔 수는 없죠. 여러 가지 일을 스스로 해결하면서 해야 하는 게 힘들고 농사를 짓겠다 하면 농사만 하면 좋은데 일을 만들다 보니 생기는 힘든 일인데 필요한 과정이에요.

김용자 처음에 내려왔을 땐 벌써 까마득한데 동네 분들이 계속 얘기를 해요. 왜 내려와서 고생하냐 시집이나 가라고 하면서 걱정되어 하시는 말이겠지만 듣기 싫었어요. 마을기업이라고 시작했으니 뭔가 해야 하는데 눈에 띄게 보여줄 것은 없고 이런 보조 사업이라도 해서 속도를 내보자 했는데 시간이 걸리고 성과가 없으니 힘들었죠. 시간이 필요한 일인데 해야 할 일은 많고 욕심은 많아요. 지역에서 함께 고민하고 해야 할 것도 있는데 관심을 안 보여주시고 이야기도 잘 안 먹히죠. 지역 분들이 지금 사업들을 꽤 해요. 참여하고 싶긴 한데 아직 이방인 같아요. 여기서 나고 자랐는데도 애는 잠깐 내려와 있는 거라고 생각하는 느낌이 있어요. 특히 여자라 함께 어울리기 어렵죠. 제가 남자면 이장이 되었을 거예요. 내려와서 뭐 하나 보다 하는 거지 여자라서 아직 애 취급 하는 거죠. 예상하지 못한 일상적인 부분들에 부딪히며 살아가는 게 시행착오고 그게 또 일상이에요.

귀농했을 때 여자로서 힘든 부분은 무엇인가요?

김용자 해보지 않던 일인데 처음부터 끝까지 다 손이 필요한 일이고 사람이 모든 것을 다 잘할 수는 없는데 시골에서 산다는 것은 맥가이버가 되는 일이라 힘들죠. 도시에선 남자 없이 사는 것이 불편하지 않았는데 시골에선 때때로 남자가 필요하다는 것을 느껴요. 옥수수 수확할 때 저는 한 자루 나르는데 남자는 두 자루 확 나르죠. 농촌은 혼자 사는 게 좀 불가능하죠. 최소한 부부 정도 가정 단위가 되어야 해요. 남자랑 살다가 여자랑 살면 그 차이를 느끼겠는데 원래 남자가 없었으니까 큰 차이는 모르겠어요. 물론 아버지나 남동생이 있기는 한데 좀 다르죠. 크게 느껴지는 부분은 없고 힘이 필요할 때나 키가 작아서 어려울 때 정도예요. 농사일은 안 힘들어요. 가끔 필요한 부분이 있지만 형부들 보니까 또 그렇지만은 않더라고요. 남자도 남자 나름이니까.(웃음) 큰 불편은 없어요. 그래도 여기 와서 한 번도 돌아가야겠다고 생각한 적은 없어요. 아무것도 없으면 힘들 텐데 벌여놓은 일이 있고 또 자꾸 뭔가 만들어지는 것이 있으니까 힘든 생각이 안 드는 거죠. 아직은 초기 정착 단계라서요.

귀농해서 얻은 것과 잃은 것이 있다면 무엇인가요?

최은진　잃은 것은 시간이고 얻은 것은 일!(웃음) 깨도 잘 짜고 농사도 늘었고요. 직장 생활 할 때는 컴퓨터 앞에서 손가락만 쓰잖아요. 시골에선 온 몸을 쓰니 땀도 흘리고 일다운 일을 한다는 생각이 들어요. 도시의 일과 농촌의 일은 다르니까요. 땀을 흘려서 일한다는 것은 정말 좋아요.

김용자　좀 심심하긴 해요. 사람이 그립고 같이 고민을 나누고 대화를 나눌 상대가 없죠. 동네 어머니들과 잘 지내고 이 집이 사랑방 분위기여서 자연스럽게 친해지지만 그분들과 일을 같이 하는 게 아니어서 같이 뭔가 도모할 것이 없어요. 심심한 거 빼고는 아무리 생각해도 잃은 것은 별로 없네요.

앞으로 꿈꾸는 미래는 어떤 건가요?

김용자　지금까지 해온 거 해야죠. 단순히 물리적인 시설뿐 아니라 함축적인 것으로요. 지금은 방앗간 하나 있지만 깨방앗간은 지역의 먹고사는 부분이에요. 도농교류처도 만들어야죠. 깨방앗간이 상업비즈니스의 상징적 의미라면 도농교류처는 지역에 더 많은 혜택을 주고 싶어 구상한 거예요. 농촌에 활력을 주기 위해선 돈을 버는 것도 중요하지만 사람들이 와야 해요. 놀러 오는 사람도 필요하지만 살기 위해 오는 사람도 필요해요. 다사람 다소득 다일자리라 말하는데 사람들이 와야 활성화되겠죠. 도농교류라는 관점에서 직매소도 만들고 체험학교도 만들 예정이에요. 활성화하는 좋은 방법이라 생각하죠. 사람들이 모여들게 하고 체험하고 가는 것도 좋지만 정착할 수 있는 기회를 제공하고 싶어요. 그런 지점에서 농부 시장을 만들고 싶고요. 돌아다니면서 본 것이 있어서 계획하지만 저희가 다 할 수는 없을 테고 다 가능하게끔 바탕을 만들어가고 싶어요. 도시와 농촌이 만나는 공간 역할을 하면 좋겠어요.

도농교류의 목적은 무엇인가요?

김용자　저는 귀농이든 귀촌이든 사람들이 많이 오면 좋겠어요. 도시 사람들한테 건강한 먹거리도 제공하지만 그 사람들이 농촌으로 이주하게 되는 고리가 되면 좋겠어요. 돈이 있는 사람은 먹거리는 알아서 다 찾아서 먹어요. 직매소가 그래요. 동네 조그마한 슈퍼에서 착한 재료 바른 먹거리가 일상적으로 판매될 수 있는 공간이 직매소예요. 그 공간은 반드시 시골에만 있어야 하지 않고 도시에도 있을 수 있다고 생각해요. 한살림이나 생협 같은 공간과 비슷하지만 더 작고 일상적인 공간이 필요해요. 기회가 된다면 그곳에서 농촌에 대한 정보를 발신하는 기지가 될 수 있고 농촌에 오고 싶은 사람들에게 상담을 해줄 수도 있을 거예요. 그곳이 안테나가 되는 거죠. 도농교류 연구소 도서관은 지역에 관한 공부예요. 정신적으로 풍요롭게 하는 공간이죠. 이곳을 거점으로 삼고 싶은데 다른 공간이어도 된다고 봐요. 농산물의 최종 종착지는 결국은 요리가 되서 입으로 들어가는 거잖아요. 그래서 깨마을 레스토랑을 구상했는데 완성된 먹거리를 나누는 곳이고 사람들이 둘러보고 먹고 나눌 수 있는 공간으로 주말에만 여는 레스토랑이에요. 이게 제가 생각하는 도농교류예요.

대안적 삶을 꿈꾸는 이들에게 조언을 해주신다면요?

김용자 제가 인큐베이터 역할을 하고 싶어요. 어딘가에 무턱대고 가는 것이 아니라 어디 아는 사람 있는 곳에 가서 잠시 살아보고 가는 게 좋아요. 예전엔 일명 루저라고 하는 사람들이 내려왔는데 요즘은 다양하잖아요. 얼마 전까지만 하더라도 도시에서 삶을 포기하거나 실패한 분들이 내려왔어요. 몇 년 동안 열심히 살아서 지금은 자리를 잡아 살고 계시죠. 그다음은 저희 같은 사람들이 자발적으로 내려와서 살고 있는데 먹고사는 문제에 집착하며 돈을 벌기 위해 혈안이 된 모습을 봤어요. 그게 뭔지 저는 잘 모르겠더라고요. 땅을 얼마를 구입하고 어떤 종목을 선택해야 돈을 버는지 저는 그런 고민을 안 해봤어요. 저는 생태적인 삶, 자연적인 삶을 표방하는 것은 싫고 내려와서 치열하게 사는 분들을 좋아해요. 일단 내려오면 길은 보이니까 일단 내려오시라 해요. 일전에 다녀가신 분들이 계신데 그분들도 고향은 여기가 아니에요. 여기저기 왔다갔다 하는데 그건 좋지 않아요. 집을 빌리든 사든 뭘 하든 일단 내려와서 보고 듣고 경험하면서 시간을 보내면 성공한다고 봐요. 시간이 걸릴 뿐이지 잘살아요. 시행착오를 겪는 것은 차이가 있는데 저는 그것도 나쁘지 않다고 봐요. 땅을 사서 내려오는 것도 괜찮다고 생각해요. 살겠다는 의지가 있는 거니까요. 잠시 다녀가는 식으로 왔다갔다 하는 것은 찔러보는 거라 봐요. 일단 내려와서 사는 거예요. 그러다 실패하면 어쩔 수 없고요. 준비 훈련은 필요 없어요. 귀농학교도 다녀보고 하시는데 그것은 의지 차원에서 하는 준비지 실제적 준비는 아니에요. 마음을 편하게 하기 위한 준비도 중요하지만 직접 와서 보고 듣고 경험하는 것이 제일 필요해요. 그런 의지가 있는 것만으로 충분하다고 봐요. 두려워할 필요 없어요. 저는 이해가 안 가는 것이 있는데, 귀농하면 사람들과 잘 어울려야 하고 시골 어른들은 내려오는 사람 경계하고 관심 많아하니 인사 잘해야 살 수 있다는 고정 관념이에요. 그런 것이 없지는 않지만 그건 시간이 필요한 문제고 크게 벽이 되지는 않아요. 자연스럽게 살다 보면 친해지기도 하고 싸우기도 하고 그런 거죠. 두려워 말고 몸으로 부딪치며 경험 쌓아가며 살아가면 되는 거예요.

깨가 쏟아지는 마을은 진행 중
www.sesamevillage.co.kr
깨가 쏟아지는 방앗간
참깨/들깨 밭 '둑방 밑'(500평)
놀이공간~소매저수지(백마낚시터)
깨마을 레스토랑
깨마을 농가 레스토랑
찹쌀 논, 마늘/콩/배추 밭 '못뚱치'(약 800평)
깨마을 흙집~사랑방, 연구소, 도서관
깨마을 도서관
찹쌀 논 '목골' (1,200평)
깨마을 움직이는 농부 시장
옥수수/단호박 밭 '냉강이'(800평)
깨마을 본가
도농역 직매소 & 체험학교
도시와 농촌을 연결하는 도농역 직매소 & 체험학교~ 폐교(구 백마초) 활용

09

유기농 도농 직거래 모범 농부 **이우성, 유안나 부부**
감물면 박달마을

괴산에 내려온 귀농 1세대로 많은 분들에게서 추천받은 부부입니다. 삶의 모습은 각기 다르지만 친구같이 아옹다옹 주거니 받거니 하며 살림을 만들어가는 모습이 인상적인 선배님입니다. 도시와 시골을 가르지 않고 인연들을 한꺼번에 가득 품고 가는 모습이, 어른으로 후배로 해야 하는 일이 무엇인지 고민하시는 모습에서 존경을 느꼈습니다. 좌충우돌 귀농과 농사의 재미난 이야기가 가득한 부부 이야기를 만날 수 있습니다.

농사를 짓는 것은
매년 새로운 도화지에
그림을 그리는 것

귀농하신 계기는 무엇인가요?

이우성　귀농은 2002년에 했지요. 결혼 이전에도 시골에서 살고 싶은 꿈은 늘 마음에 있었어요. 마음 아픈 이야기인데 결정적 계기가 있지요. 함께 귀농을 꿈꾸던 친구가 2001년 아침 산책을 하다가 돌연사를 했어요. 친구는 잡지 기자였는데 1990년대 말부터 자연으로 돌아간 사람들을 취재했어요. 취재 다녀올 때마다 그곳은 이런 것이 정말 좋더라 하는 식의 이야기를 들려주고 우리도 나이들면 시골에서 함께 살자는 이야기 나누며 꿈도 키워나갔어요. 그런 친구가 돌연사한 거예요. 가정을 이뤄서 아직 어린 아이가 있고 항상 열심히 살던 친구인데 그렇게 친구를 보내고 나니 무척 허망

해지더라고요. 귀농하는 시기를 더는 미루면 안 되겠다 싶어서 실
행에 옮긴 거예요.

귀농 실행과정을 설명해주세요.

이우성 첫 실행으로 귀농운동본부에 교육을 받으러 갔어요. 그
시절은 농사짓거나 짓겠다 하면 다 바보 취급하던 때인데 교육장
에 갔더니 저와 같은 바보들이 모여 있는 거예요. 바보 친구들을
만나니 반갑고 동료 의식이 크게 느껴졌죠. 그 친구들과 마을을 이
뤄서 귀농하면 어떨까 하는 의견들을 나누면서 귀농에 대한 구체
적인 목표와 속도가 붙기 시작했어요. 귀농하신 분들을 직접 찾아
가서 실제 생활에 대한 이야기도 많이 들었고요. 교육 기간이 지나
고 나니 마음이 급해지기 시작했어요. 서울의 삶이 가식적으로 느
껴지고 주체적인 삶이 아니라는 생각이 들면서 이렇게 살아선 안
되겠다 싶었죠. 농부는 의식주를 자기 손으로 해결할 수 있으니까
삶을 가장 주체적으로 꾸리는 삶이라는 생각을 했어요. 그런 귀농
교육이 끝난 후 바로 회사에 사표를 냈어요. 집사람과는 상의하지
않고 무작정 시골로 가야겠다는 생각만 가득했어요. 어떻게든 살
겠지, 이론적으로만 무엇이든 되겠지 싶었죠. 그런데 집사람의 거
센 반대에 부딪혔어요.

유안나 그건 완전히 쿠데타였어요.(웃음) 무작정 사표를 내고
와서 내려가겠다고 어휴~.

이우성 집사람이 도저히 안 되겠다고 이혼하고 가라 하니까 당

황스러웠죠. 전 고향이 문경이고 집사람은 논산이에요. 둘 다 시골 출신인데 전 농사일을 몰랐고 집사람은 홀어머니가 농사짓는 걸 보고 자란 차이가 있어요. 농사를 지으면 고생스럽고 가난하다는 것을 너무 잘 알고 있으니 그 속으로 가는 것이 힘들었겠지요. 가난한 길로 들어서는 것을 용납할 수 없다 했어요. 몇 날을 싸우다 보니 이러다 가정파탄 나겠다 싶어 회사로 가 머리 조아리고 사표를 돌려달라 했어요. 그래서 몇 달 더 회사를 다녔는데 마음이 이미 콩밭에 가 있으니 일이 제대로 안 되더라고요. 그렇게 회사를 다니는데 대상포진이 오면서 몸이 아팠어요. 그런 상황에서 가고자 하는 욕구를 말릴 수 없으니 집사람이 마음을 바꾸어 몇 가지 절충안을 냈어요. 1. 혼자 먼저 갈 것, 2. 서울에서 2시간 이내의 거리에 있을 것, 3. 용돈은 집에서 가져가지 않고 벌어서 쓸 것. 때마침 사단법인 흙살림에서 실습생을 모집하는데 조건이 저랑 딱 맞더라고요. 농사를 가르쳐주고 월급 50만 원에 숙식을 할 수 있고 실습장이 괴산인데 와보니 서울에서 딱 2시간 거리고요. 집사람이 얘기한 조건이 다 맞았죠. 집사람에게 허락을 받고 혼자 먼저 내려왔어요. 회사에 다시 사표를 내고 인수인계 끝나자마자 짐싸서 내려왔죠.

삶을 함께하는 동반자로서 어느날 갑자기 남편이 사표 내는 과정이 충격이었겠습니다. 남편은 심플하게 '가고 싶다'라는 마음만 내세우고 그것을 바라보는 사모님은 힘들었을 텐데요?

유안나 남편은 가고 싶은 마음 딱 그거 하나죠. 저뿐만 아니라 온 가족이 힘들었어요. 특히 시어머님께서 내가 이러려고 너를 키웠나 하시면서 반대가 심하셨죠. 이 사람이 부잣집 아들도 아니고 누나가 대학을 포기하면서 공부한 집안의 귀하고 잘난 아들이거든요. 저희 집도 마찬가지죠. 농사짓는 삶이 얼마나 어렵고 가난한지, 논밭 없는 사람이 시골에 가서 살기에 어렵다는 것을 너무 잘 아니까요. 그렇다고 우리가 부자도 아니고 결혼 10년 만에 맞벌이로 겨우 장만한 아파트가 전부였거든요. 우리 나중에 전원 가서 살자는 말은 많이 나눴죠. 하지만 그렇게 빨리 마흔이란 나이에 갈 줄은 몰랐죠. 적어도 쉰에 가면 용서할 수 있을 것 같은데 마흔이란 나이에 자발적인 삶을 살겠다고 하니 자기에겐 자발적일지 모르지만 저한테는 쿠데타죠. 그래서 정말 미친년처럼 웃고 화장하고 돌아다녀도 화가 가라앉지 않더라고요. 남편 친구들 만나서 상의도 하고 울고 오죽하면 이 사람 회사 사장님과도 의논했어요. '제수씨 걱정하지 마. 내가 1년 휴가 줄게. 돌아오고 싶으면 언제든 돌아올 수 있게.' 이 사람 모르게 그렇게 약속했어요. 또 다른 친구는 그렇게 가고 싶다는데 일단 한 번 보내주자, 소원이라는데 하면서 저를 달래고. 그때 생각만 하면 10년이 넘었는데도 눈물이 나요. 저 몰래 사표를 내고 온 것도 화가 나고 아직은 일해야 할 때고 아이들도 어리고 주변에서 다 말리는데 고집을 피우니 배신감을 느꼈죠. 솔직히 말해 경제적 문제가 제일 큰 부담이었어요. 지금은 살아보니 이런저런 방편과 대책도 생기고 제 안에 힘도 생겼지만 처음엔 어떻게 살까, 애들 교육은 시킬 수 있을까, 우리 엄마는 죽을 힘을 다해 농사지어도 자식 교육을 못 시켰는데 우리 아이들한테도 가난을 대물림해야 하나 싶은 불안한 마음이 컸어요. 지금 생각하면 아무것도 아닌 기우지만 서른일곱 살인 저로서는 감당하기 어린 나이였어요. 지금처럼 힘이 있다면 '그래, 가라. 난 서울에서 혼자 살 수 있다'고 했을 텐데, 그땐 온실 속의 월급쟁이 아내로 편안하게 살았으니까 불안한 미래에 대한 염려가 컸다고 해야겠네요. 어찌나 울었던지 이불이 해질 만큼 울어서 이불 하나는 버렸어요.

그렇게 갈등이 많고 배신감도 있고 미래도 두렵고 과거의 어려운 그림자가 한꺼번에 밀려오는데 아무리 남편이 가고 싶다고 해도 보내주기 쉽지 않았을 텐데 어떻게 보내주셨어요?

유안나 어느 날 남편의 마음을 보게 되었어요. 제가 이렇게 싫은데 남편도 서울이 싫어서 그렇게 가고 싶은 거잖아요. 저 하기 싫은 것으로 죽고 싶은 마음인데 이 사람도 그렇겠지 하는 생각이 들었어요.

그런 고민을 몇 개월 정도 하니까 포기가 되시던가요?

유안나 3개월 정도로 짧았어요. 이 사람이 회사를 3개월 더 다녔는데 참 재미없어 하더라고요. 예전의 남편이 아니었어요. 원래 남편은 살갑고 다정다감하고 자기일 열심히 하는 사람이었거든요. 재미없이 하루하루 채워가는 남편을 보면서 제가 싫은 만큼 남편도 싫을 거라는 생각이 들면서 보내줘야겠다 마음먹게 되었죠. 그러던 차에 대상포진이 왔어요. 매일 과음에 야근에 싫은 일을 참고 스트레스 받으며 다니니까 병에 걸리고, 그걸 보면서 저러다 저 사람 죽겠다 싶었어요. 그래서 제가 손을 든 거죠. '그래, 당신은 가라. 난 아이들과 남겠다.' 속으론 저 사람이 내려가더라도 얼마 못 버티고 바로 돌아올 거라는 마음도 있었어요. 그런데 결국 제가 못 버티고 따라 내려간 거죠.

못 버티고 내려간 가장 큰 이유는 무엇이었나요?

유안나　이 사람이 4월 1일에 가고 저와 아이들이 3개월 후인 7월 1일에 내려왔는데 가장 큰 이유는 아이들 때문이에요. 이 사람이 그동안 정말 좋은 아빠로 살아온 거예요. 매일 호수 공원 가서 자전거 태워주고 넷이서 논두렁길 산책하고 소풍도 가면서 너무 재미있게 살았어요. 그런 아빠가 없으니 아이들이 허전해하더라고요. 제가 아무리 잘해준다고 해도 애들한테는 아빠가 해줄 수 있는 것이 따로 있으니까. 밤에 농구장 가서 흠뻑 땀 흘리고 세 남자가 들어오는 기분……. 아이들이 그게 그리운 거예요. 그런 것은 엄마하곤 안 되니까. 어느 날 큰 아들이 놀이터에서 돌아와서는 아빠한테 가자고 그러더군요. 5학년 때인데 그토록 반대하던 녀석이 그렇게 말을 하니 저도 더는 버티지 못하겠더라고요.

제가 시골가고 싶다고 했을 때 아는 분이 아주 내려가지는 말고 주

말 놀이만 하라고 하신 말이 생각나네요. 왜냐고 되물었더니 농사 안 지어봐서 낭만적으로 생각하는 거라고 하시더라고요.

유안나　이 사람도 그런 거였어요.

이우성　아는 사람은 농사를 아니까 겁내고 우리는 아는 게 없으니까 무서운 게 없죠.

유안나　그러니까 무식하면 용감하다고 진짜 무식한 사람이었어요. 풀과 곡식도 구별하지 못하는 사람이 농부가 되어서 농사를 짓겠다고 하니까 어이가 없었죠.

이우성　제가 왜 마음이 급했냐면 마흔이란 나이가 되니까 앞으로 살아갈 날이 30년이 될지 40년이 될지, 지금까지 살아온 시간보다 살아갈 시간이 더 많다는 보장은 없다는 생각이 들었어요. 마흔 이전의 삶이 주어진 삶이라면 이후엔 주체적으로 지금과는 다른 삶을 살아야겠다고 생각한 거죠. 직장 생활을 20년 가까이 하니까 도시 생활이란 것이 잘 알지도 못하면서 아는 척, 잘 알지도 못하는 사람하고 억지로 웃고, 원치 않는 술자리에 가야 하니 힘들어요. 그런 삶이 마흔 이후에도 계속된다면 일찍 죽을 것 같았어요. 가까운 친구도 그렇게 보냈는데 저 역시 주체적인 삶을 살아보지 못하고 죽을 거라는 생각에 급해졌죠.

몸이 아플 만큼 내려가고 싶은데 가족들은 반대하고, 어떻게 설득하셨어요?

이우성　저는 우리 가족이 도회지에서 계속 사는 삶은 참삶이 아니라는 확신이 있었어요. 아이들이 어리지만 한 살이라도 어릴 때 가면 자연 사물을 보는 시각이 달라질 거란 믿음이 있었고 제대로 사는 삶이란 무엇인가에 대한 생각이 있었기 때문에 계속 고집을 부려야겠다라고 마음먹었죠. 그렇게 결심하고 나니 힘들었지만 고민되거나 망설이진 않았어요. 장녀인 어머님은 1남 4녀를 두셨는데 눈에 흙이 들어가기 전까지 안 된다고 하셨지만 제가 왜 기를 쓰고 가려는지 말씀드리고 먼 장래를 보아달라고 지속적으로 설득했어요. 결국 아들 고집을 꺾는 어머님은 없으시니까요. 장모님께도 마찬가지였어요. 지금까지는 제대로 된 사위는 아니지만 이제부터라도 사위노릇 하겠다고 다짐하고 머리 조아리며 설득했지요. 그때 저는 지위가 올라가고 월급 많이 받고 인맥을 넓히고 요즘 말로 스펙을 쌓는 것이 중요하지 않다는 생각이 들었거든요. 더 중요한 것이 있다는 생각이 가득했죠. 사람이 태어나서 제대로 된 삶을 살겠다고 하는 것에 체면과 부와 주변의 시선은 문제가 아니라는 확신이 있었기 때문이에요.

흙살림에서 실습을 하시고 개인 농사를 짓게 되는 과정이 궁금합니다.

이우성 흙살림에서 4~5개월 숙식하면서 실습하고 있었어요. 큰애가 주말에 아빠하고 떨어져서 못 살겠다 하니까 집을 팔고 합치자 했지요. 그러면서도 흙살림 농사 실습은 1년 동안 계속하기로 했어요. 흙살림에서 가르쳐준 것이 하우스 짓는 법, 노지에 고추 재배하는 법, 농자재 연구하는 농장에서 농실습하는 것이었어요. 1년을 보내고 나니 제 농사를 지어보고 싶었어요. 사실 농사라는 것이 1년 했다고 눈 뜨는 것이 별로 없는데 매어 있고 싶지 않아서 내려왔는데 또다시 흙살림에 매어 있게 되니까 힘들었어요. 그래서 2003년부터 흙살림에 비상근직으로 일하며 월간 신문을 만드는 조건으로 월급을 100만 원씩 받기로 하고 제 농사를 시작했어요. 서울에서 알고 지내던 사람이 사리면에 사놓은 땅이 있는데 가까우면 가서 공짜로 지으라고 하기에 공짜로 5,000평 되는 땅을 얻었죠. 그때는 5,000평이 넓은지 좁은지 개념이 없었는데 가서 보니 너무 넓어서 반은 놀리고 반만 짓기로 했죠. 중고 관리기 하나 사서 반으로 가른 그 땅도 넓은지 모르고 한 고랑을 100m 정도로 길게 만들었어요. 작물은 30~40가지 지었나 봐요. 오이 한 줄, 율무 한 줄, 뭐 한 줄. 그래도 소득은 있어야 하니까 고추는 주작물로 한 300평 심었죠. 다른 것들은 어떻게 크는지 보기나 하자 해서 시작했어요. 처음에 작물 심을 땐 재미가 있잖아요. 집사람이 놀리던 땅을 갈아달라고 해서 갈아주면 풀을 못 잡아서 수확도 제대로 못하고 그랬어요. 그중 제일 에피소드 많은 녀석이 오이예요. 토종 오이씨를 구해 심었는데 100m 고랑 두 줄을 심었어요. 아주 반듯한 땅에 100m 고랑을 가려면 한참 가야 하는데 이 오이가 수확철에 정신없이 막 나오네. 그게 토종 오이여서 수확 시기를 놓치면 더 커지고 노각이 되거든요. 다 따내질 못하니까 노각이 주렁주렁 달려요. 나중엔 이 사람이 오이 따다가 막 울더라고요. 그 오이를 수확해서 주변에 아는 분들과는 작물 바꿔서 먹고 먼 곳에 있는 친구들한테 보내주고 놀러오는 친구들은 트렁크 가득 오이만 채워주면서 '가져가는 게 도와주는 거야' 하면서 막 실어줬어요. 나눠주는 것도 보통 일이 아니었어요.

유안나 출퇴근으로 농사를 짓는데 이게 참 피곤한 일이에요. 밭에서 지친 몸으로 퇴근해 집에 가면 우리 애들 밥을 해줘야 하잖아요. 아이들 둘이 방치되어 있는 거예요. 애를 잘 키우려고 왔는데 해가 떨어져야 집에 가니 그때 가서 밥을 하면 9~10시가 되잖아요. 그래서 초등학교 5학년 남자 아이한테 밥을 하라고 시켰어요. 큰 애보고 엄마가 오기 전에 밥은 해놔라, 아침에 빨래 돌려놓고 학교 갔다 오면 빨래 널어라, 아이한테 살림 시켜가면서 이게 뭔가 했죠. 아이를 자연과 더불어 잘 키우자고 내려왔는데 그런 어깃장이 없는 거죠. 그때 많이 울었어요.

이우성 비 오는데 고추 따고 원 없이 일하고 원 없이 울었어요. 그래서 그 해 300평 고추 농사 지어서 번 돈이 400만 원가량 되었어요.(우와~)

유안나 그렇게 말하면 사람들이 다 놀라요. 그게 다 텃밭에서 쌓은 노하우가 고스란히 묻어 있는 거죠.(웃음)

이우성 그해 고추가 참 잘되었어요. 그래도 버린 양이 100근 정도 되지요. 고추를 첫 물에 따서 장마 시기에 자연광에 말린다고 했는데 거의 희나리가 나서 버렸어요.

유안나 하우스에 고추 걸어 말리는 줄이 있다고 해서 그걸 사서 예쁘게 널었더니 다 하얀 고추가 되었지 뭐예요. 돈으로 치면

100만 원어치는 돼요. 어휴 아까워라.

이우성 고추를 제외하고 30~40가지 심었더니 작물의 변화를 알게 된 거죠. 요건 요때 심고, 갈무리는 이렇게 하고. 그런 시행착오가 농사를 지을 수 있는 터전이 되었어요. 귀농한 다음 해는 그렇게 내 농사를 지었는데 그다음 해는 그 땅에서 농사를 지을 수 없는 상황이 되었어요. 너무 멀기도 하고. 집 근처에 땅을 알아봤는데 마침 600평 정도 되는 땅이 있어 구입했어요. 그 땅에 집을 지으려고 컨테이너 하나 갖다놓았는데 그 주변이 온통 복숭아랑 사과 과수원이에요. 사고 나서 보니 농사도 지을 수 없고 집도 지을 수 없는 거예요. 과수원은 농약을 SS기로 한 번 칠 때 비산의 양이 엄청나거든요.

유안나 그 땅을 살 때는 몰랐어요. 제가 산책 다니는 길인데 복

사꽃이 온통 핑크빛으로 피어 있어 너무 예뻤거든요. 전 이런 곳에 집을 지어서 예쁘게 살 거라고 생각하고 땅을 샀어요. 그런데 농사를 시작하니까 농약을 치는데 그 공포가 엄청난 거예요. SS기 한 번 지나가면 우리 땅까지 농약이 다 오는 거예요. 이런 땅에 집을 지으면 안 되겠다 생각해서 땅을 팔았어요.

유안나　거기서 하우스는 안 하고 싶었는데 워낙 농약이 날라오니까 하우스를 지었어요. 하우스 안에서 고추 농사를 한 300평 지어서 600만 원 정도 수입을 올렸지요. 음성은 농지가 많지도 않고 과수원이 많아서 농사를 지을 수 있는 환경이 좀 안 돼요. 그때까지도 〈흙살림 신문〉 만드는 일은 계속하고 있었는데 지금 저와 농사를 함께 짓는 흙살림 이사님이 임대할 수 있는 땅이 있으니 한 번 지어보라 하셨어요. 가봤더니 땅이 1,500평가량으로 꽤 넓었어요. 그 땅을 빌려서 하기로 했죠. 그래서 또 음성에서 출퇴근 농사를 한 거죠. 지금 이 집 바로 아래 농지인데 음성 집에서 한 40분 걸리는 꽤 먼 거리였어요. 그렇게 농사를 지었어요. 거기서는 고추가 한꺼번에 다 병들기도 하고 우여곡절을 많이 겪었죠. 그 밭에서 일하다 박달산을 바라보며 잠시 쉴 때 집사람하고 이쯤에 집 하나 지으면 좋겠다 그랬어요. 우린 종교가 천주교라 집사람에게 화살기도를 하라 했어요. 이쯤에 화살을 막 날렸지요.

음성에 터를 잡고 괴산으로 이주하신 거네요.

이우성　처음에 집을 합치기로 하고 괴산 흙살림 근처와 시내까지 찾아봤는데 마땅한 곳이 없었어요. 행정권상 음성에 월세 20만 원짜리 단독주택이 나와서 그곳에 먼저 터를 잡았어요. 월세도 큰 부담이 안 되겠다 싶은 생각이었고 사무실과도 10분 거리였지요. 괴산에 터를 잡았는데 집이 없으니 음성으로 간 거고 농지는 괴산에 있으니 출퇴근 농사가 되었죠.

유안나 하나님 전 여기에 예쁜 집을 짓고 예쁘게 살고 싶습니다 하고 여기를 쳐다보면서 항상 기도했어요. 그런데 정말 이 땅이 저에게 운명처럼 오더라고요.

이우성 이 땅도 복덕방을 통해서 구입했어요. 다른 땅을 보러 갔는데 복덕방 아저씨가 박달에 어디 땅이 났다고 하시더라고요.

유안나 계약하러 그 집 마당에 갔는데 차를 주차하면서 아저씨가 박달에서 어디 땅이 났다던데 하시는 거예요. 그래서 바로 아저씨 차 돌려요 그랬어요. 전 계약하러 간 땅이 너무 마음에 안 들었거든요. 그때 이 사람이 서울에서 여기 올 때처럼 땅을 안 사고 집을 안 지으면 죽을 것처럼 막 그러기에, 그럼 그거 먹고 떨어져라 (웃음) 하는 심정으로 계약하러 갔는데 박달에 나온 땅이 바로 화살기도 보낸 그 땅인 거예요. 복덕방 아저씨한테 티는 못 내고 어찌나 좋던지.

이우성 느티나무가 한 그루 있는데 그게 또 아주 마음에 딱 들었어요. 그게 귀농 5년차예요. 1,500평이 다 밭인데 이렇게 집터를 잡고 앞은 밭으로 쓰기로 하고 2006년에 집을 지었어요. 원래 꼭 괴산에 터를 잡자고 고집하지는 않았어요. 봉하, 해남 등 전국을 많이 다녔는데 흙살림과 인연이 그렇게 되다 보니 살아서 정을 붙이면 되지 또 다른 곳을 물색하고 싶지는 않았어요. 여건상 음성에 있었지만 이 박달 주변에 살자 그렇게 되었죠.

귀농하시는 분들을 보면 1년차, 3년차 정도에 많이 갈등하고 어려움을 겪으시던데 어떤 어려움을 지나오셨나요?

이우성　농사 기술에 대한 시행착오가 많았죠. 기술이 없어 겪는 건 아주 기본적인 시행착오죠. 가족 간의 갈등도 있었고요. 도회지에 살다가 시골에 오니까 찾아오는 사람이 얼마나 많아요.(웃음) 이 사람이 일일이 기록을 했는데 1년에 천 명이 왔다 갔어요. 주말만 되면 손님 치르는 거죠. 집사람이 이렇게는 도저히 못 살겠다 하고 항복을 했어요. 보따리 싸서 나가기도 하고 어떤 때는 손님이 있는데도 그랬어요. 손님 치르느라 정작 시골살이에서 느끼는 즐거움은 사라지고 다른 것이 더 크게 부각되어 문제가 되는 경우죠. 내려오기 전에 아내가 염색을 하겠다 뭐 하겠다 애들하고도 뭐 하겠다 했는데 몇 번 하다가 못 하게 되었죠. 3년쯤 돼서 이래선 안 되겠다 했어요. 그때 '시골에 사는 즐거움'이란 칼럼을 쓰고 있었는데 2년 정도 쌓이니까 단행본을 내게 되었어요. 책 제목도 '시골에 사는 즐거움'으로 했어요. 책이 나왔을 때 우리가 아는 도회지 사람을 모두 초대해 출판기념회를 했어요. 사과꽃이 막 지고 복숭아꽃이 필 무렵이었어요. 아는 사람 다 불러놓고 이제 《시골에 사는 즐거움》이란 책까지 냈는데 보따리 싸서 올라가지는 않겠지요 하면서 못을 박았죠. 공약을 했어요. 그때부터는 짐을 싸진 않았어요. 좀 더 한 단계 나아갔죠. 아이들은 잘 적응했는데 어른들이 잘 적응하지 못한 거죠. 예를 들어 음성에서는 이 사람이 재래식 화장실에 적응을 못 했어요.

유안나　화장실을 못 가니까 누렇게 떴어요. 집 밖에서 신문지 깔고 볼 일 보고 갖다 버리고 했어요. 먹고 싸는 게 소통 안 되면 다 짜증이 나고 싫잖아요. 처음에는 우울증이 왔어요. 아는 사람도 없고 이 사람은 흙살림에 가버리면 저는 방치되는 거죠. 저는 혼자서 많이 힘들고 우울하니까 한 달에 살이 1kg씩 쪘어요. 갑자기 몸이 불어나니까 스트레스도 오고 살기도 싫었어요. 그래서 애 학교 보내놓고 서울 가는 버스 타고 테크노마트 가서 영화 한 편 보고 친구 만나서 밥 먹고 오면 좀 살 거 같고 그렇게 살았어요. 그게 현실이에요. 이 사람은 몰라요. 자기 좋아서 내려왔으니까.

그 시간을 지나오면서 자신만의 해결 방법을 찾으셨나요?

유안나　한 해 한 해 가면서 자연스레 힘이 생기데요. 농부의 장점은 봄이 되면 새로 시작하는 거니까 새 도화지를 받는 것과 같아요. 사업 같은 것은 세월을 이어가지만 농사는 새로운 도화지에 새로운 그림을 그리는 거니까 참 좋았어요. 그게 방법이고 힘이고 그래요.

가족들이 자기 때문에 내려와서 적응하는 데 어려움을 겪는 것을 지켜보셨는데 어떠셨어요?

이우성 안타까움이야 이루 말로 할 수 없지만 해가 지나면서 집사람이 에너지를 많이 갖고 있는 사람이어서 잘 적응할 거라는 믿음이 있었어요. 또 이런저런 강의들을 들으면서 적응하려는 노력을 하기도 했고요. 그걸 견디고 지나가리라 생각했어요. 저는 사람 만나고 술 마시는 거 좋아하니까 별문제 없었는데 이 사람 보면서 좀 자제해야겠다 생각했어요.

농사 기술에 대한 시행착오를 어떻게 해결하셨나요?

이우성 농사는 자기 방식대로 하잖아요. 1년 지나도 농사 이력이 붙지 않는 거예요. 기후에 따라 대처하는 것이 다르고 노하우가 하루 이틀 만에 생기지 않죠. 제때 관리해야 하는 게 많고 농사 오래 지으신 분들도 자신하는 분이 많지 않아요. 모두 자기 방식대로 하지만 농사를 잘 짓는다고 말하는 것은 늙어 죽을 때까지 해도 어려워요. 주변과 함께 농사짓고 묻고 배우고 땅에 적응하는 거죠.

시골이란 공간에서 도시와는 다른 삶에 대한 구체적인 상이 있다고 하셨는데 어떤 것을 대안적 삶이라고 생각하셨나요?

이우성 일을 스스로 생각해서 할 수 있는 것이요. 계획을 스스로 세울 수 있고 주위 사람과의 관계에서 내가 싫거나 흥미가 없으면 안 하면 되고 안 가면 되는 것, 삶의 시간을 주체적으로 설계할 수 있는 것, 먹을거리를 챙길 수 있는 것, 건강한 농산물이 어떤 것인지 알게 되는 것들이에요. 그런 게 바탕이 되어서 자연의 변화를 느끼는 거죠. 흘러가는 물 한 방울이 그저 스쳐 지나는 물이지만 그것이 내 안의 피를 돌게 하는 것을 체험하는 것이죠. 그냥 헛으로 볼 수 없는 아주 작은 미물에 눈뜨게 되고 봄이 오는 것을 제일 먼저 느끼고 가장 맛있는 농산물을 가장 먼저 가족과 나눌 수 있고요. 시골에 오니까 사람이 사는 데 가장 필요한 일상적인 것에 대한 소중함에 눈 뜨게 되는 거죠.

귀농자 분들 특히 여성 분들은 아이 교육 문제로 많은 고민을 하시던데 어려움은 없으셨나요?

유안나   그런 고민은 안 했어요. 아이들 교육을 도시에서 잘 할 수 있다는 생각은 안 했거든요. 도시에서도 학원 한 번을 안 보냈어요. 유치원도 딱 1년 보냈어요. 제가 데리고 놀았고 그렇게 즐겁게 놀자주의였어요. 사실 도시에서 그렇게 하기 힘들었어요. 아파트 아줌마들과 커피 한 잔 함께 하면 머리가 아플 지경이었어요. 그룹과외 만들고 어떤 선생님을 모셔오고 어디가 좋다더라 하는 식의 이야기들 많이 하잖아요. 저랑은 체질적으로 안 맞았어요. 우리 둘이 제대로 키우고 있나 이게 맞나 하면서 둘만의 방식으로 키웠죠. 우리 네 식구 놀 때 서점에 퍼질러 앉아서 책 보다가 자전거 타고 돌아오는 게 최고의 낙이었으니까요. 또 아이들이랑 텃밭을 한 5년 하면서 더불어 놀았어요. 방울 토마토 키우고 민달팽이 가지고 놀다가 자연으로 돌려주고 그런 과정에서 아이들이 시인처럼 표현하는 게 좋았어요. 그게 교육이라 생각했어요. 거의 방치 수준이죠. 그래야 잘 큰다고 지금도 생각하죠. 이 사람이 막무가내 시골에 오게 된 것은 제 탓도 있어요. 제가 텃밭을 너무 잘하니까 좋아할 줄 알고 아주 업으로 삼아야겠다고 생각한 거죠.

이우성 아이들 교육에 대해서는 걱정을 안 해요. 스스로 할거리를 찾아가면서 만족하는 편이죠. 주입하는 도회지 제도권 교육의 이기적인 부분이 싫었어요. 조금 일찍 내려오지 못한 것이 후회되는데 작은아이와 큰아이의 반응이 다른 것을 볼 때 그래요. 큰아이 5학년, 작은아이 1학년에 왔는데 큰아이는 감흥이 좀 적어요. 작은아이는 스폰지처럼 빨아들이죠. 그래서 우리끼리는 작은 놈 하나 잘 건졌다고 합니다. 작은아이는 관찰력이 뛰어나고 작은 사물들에도 눈길을 주려고 해요. 스쳐 지나는 자연 식물을 바라보는 눈길이 세상을 바라보는 따뜻한 시선으로 옮겨올 거라 생각해요. 원래 그런 감성을 지니긴 했지만 더욱 그렇게 되겠죠.

생계는 어떻게 해결하고 계시나요?

유안나 〈흙살림〉 신문 만드는 일을 5~6년 했는데 기초 생계비가 되었어요. 애들은 정착 초기엔 어려서 돈 들어갈 일이 없었고요. 기본은 항시 긴축 재정으로 살아요. 장에 가도 생선 정도 사 와요. 지금은 일주일에 한 번 아이들 오는 날 고기나 닭고기를 사요. 나머지는 우리 농사 지은 걸로 먹고 살아요. 봄부터 냉동실에 가득 채워요. 다시 봄이 올 때까지 냉장고에서 꺼내 먹으면서 사는 거죠. 생활비 줄이고 옷은 얻어 입고요. 도시에서 친구들이 줘요.

그렇게 살아요.

이우성　농사는 논밭 합쳐서 5,000평이 좀 안 돼요. 괴산 와서 살면서 농사는 혼자 하기 힘들어서 품앗이 형태로 지었어요. 품앗이를 한 해 하니까 긴밀한 관계가 필요하겠다 싶어서 귀농자 두 명과 토박이 형님까지 셋이서 농사 공동체를 했어요. 네 땅 내 땅 개념 없이 통으로 합쳐서 우리 땅으로 하고 다 모았더니 논이 5,000평 밭이 1만 5,000평이었어요. 이 땅을 합쳐서 공동으로 지었어요. 예를 들어 우리가 빌린 논에서 밭이 된 땅에 고추를 했는데 잘 안 되었으니 그 땅엔 채소를 심고 고추 잘 되는 땅에는 고추를 심으니 작물 배치를 잘 할 수 있는 거죠. 그리고 각각의 장점이 있어요. 형님은 농사 기술이 박사, 한 친구는 회계 전공해서 회계를 담당하고, 저는 팔 곳이 있으니 판매를 담당했어요. 또 각자 아는 도시 소비자 명단이 1,000명이면 셋이 같이 모으니 3,000명이 되는 식으로 단점보다는 장점이 많은 구조가 된 거예요. 그전 품앗이할 때보다 효율적으로 농사짓게 된 거죠. 그렇게 4년을 함께 했어요. 혼자 지을 때보다 소득이 훨씬 많아졌어요. 택배가 가능한 농산물은 다 직거래로 팔았어요. 1년 지나니까 회원 숫자가 1,000명이 늘었어요. 한 번이라도 드신 소비자가 자꾸 늘어나서 회원이 4,000명이 되었어요. 그렇게 4년 하니까 농비 빼고 집에 가져오는 소득이 2,000만 원 정도 돼요.

유안나　우리 둘이 지을 땐 아무리 열심히 해도 한 해 매출이 1,200만 원 정도였어요. 매출이 1,200만 원이니까 우리 노동력으로 다 했어도 순이익이 800만 원 정도고 그것으로 네 식구가 살기 힘들잖아요. 그래서 이 사람이 〈흙살림 신문〉 만들어서 기초 생활비를 댄 거죠. 그게 힘이 되었고요. 농사 살림이 400~500만 원 하다가 농사 공동체를 하면서 2,000만 원으로 점핑을 했잖아요. 우리도 살 수 있겠다는 확신이 들고 힘도 생겼어요. 제작년까지 농사를 그렇게 지었어요.

이우성 그렇게 농사짓다 보니 가정생활이 없어요. 새벽에 나가서 밤늦게 들어오고 내일 비온다 하면 라이트 켜고 밭을 갈았어요. 야간 작업하는 사람은 꼭 우리라고 동네에서 아오지 탄광이라고 했어요. 가정생활 없이 일에 파묻혀 사니까 집에서 원성이 자자했어요. 좀 느슨하게 살아야겠다 싶어 농사를 다시 품앗이 형태로 돌리고 절임배추만 공동으로 농사지어요. 물론 큰 일은 같이 하고 판매도 공동으로 합니다.

유안나 가정은 평화를 찾았는데 수입은 다시 내려왔어요.(웃음) 우리가 느슨하게 사는 것처럼 살려고 내려왔으니 그렇게 살게 된 거죠. 농사 공동체 3년 동안 그런 게 없었거든요. 저는 저대로 외롭고 이 사람은 육체적으로 외로웠고요. 작년에 농사를 줄이니 면적이 논까지 4,000평 정도 되었는데 그러니 좀 평화가 와요. 산책하고 싶을 때 산책하고 비오면 어디 훌쩍 다녀올 수도 있고요. 공동체로 농사할 때 비가 오면 하우스에 가서 일을 했거든요. 그러면 저는 도대체 나하곤 언제 놀아줄 거냐고 했죠.

이우성 그리고 우리집은 가족회원이 있어요. 4인 가족 기준으로 품목이 쭈욱 있어요. 1년 동안 수확한 농산물을 그때 그때 보내드리는 거예요. 감자 20kg 1박스, 옥수수 2자루, 쌀, 잡곡, 장류 등 가정에서 필요한 물품을 공급하는 거예요. 우리에겐 1년 농사짓는 데 필요한 기초 자금이 돼요. 가족회원은 안전한 먹거리를 안정적으로 공급받고요. 품목은 개개인별로 조절할 수도 있어요.

귀농/귀촌을 꿈꾸는 이들에게 조언과 당부를 해주세요.

이우성 자기 결심과 생각이 중요하겠지요. 가치관이 좀 제대로 서야 해요. 도회지 습성은 그대로 유지한 채로 좋은 공기 마시고 좋은 음식만 먹겠다고 하면 또 다른 어려움에 봉착할 거예요. 항상 우리 뒷집 어르신 이야기를 해드리는데, 산에 가서 나무 한 짐 딱 해 와서 하루 불 때고 하루에 들어가는 돈이 하나도 없어요. 검소검양이 몸에 배이신 분이에요. 어디 가실 때 저한테 태워달라 하셔도 될 텐데 꼭 걸어가시고. 제가 물어요. 한 달에 생활비 얼마 안 드시죠? 하면 얼마 안 들고 진짜 하나도 안 쓴대요. 하루에 돈 쓸 일이 없다는 거예요. 이렇게 사는 게 제 꿈이기도 한데 적게 벌어서 적게 번 만큼 살아야 하고 그게 몸에 배어야 하는데 그게 어려워요. 도회지에서 오면 쓰던 씀씀이가 있어서 어려워요. 그런 습관을 줄이고 작은 것에 만족하면서 살아야죠. 그런 가치관의 변화가 제일 먼저 필요해요. 그리고 동네 분들하고 잘 어울려야 해요. 왜 동네 개보고도 인사라고 하잖아요. 인사만 잘해도 좋아하시니까. 어느 동네든 사람 사는 동네니까 사람하고 살 수밖에 없는데 사람

과 잘 교류하는 게 우선이죠. 자기 하기 나름이겠지만 제일 먼저
는 가치관이고 농사 기술은 시간이 지나면 늘게 되고 동네 어르신
들도 가르쳐주세요. 남아 있는 삶의 시간 동안 어떤 생각을 하면서
사는 게 행복한 삶일까 고민하면 좋겠어요. 가끔 강의 해달라 해
서 가면 제가 자신있게 오시라고 하거든요. 제대로 사는 삶의 시간
이 기다리고 있으니까 내려오시라 해요.

유안나　시골도 오면 살 만해요. 지금은 귀농 터전이 많이 마련
되었다고 해야 하나요. 우리가 왔을 때랑은 많이 달라요. 우리가
괴산 귀농자 중에서는 거의 손꼽게 일찍 내려왔는데 어떻게 살아
야 하나 싶었거든요. 시골 아저씨들이랑만 소통하며 살기가 어려
웠어요. 둘이 산책하다가 그랬어요. 우린 나중에 말이 열 단어 이
하 정도만 필요할 거다. 그 대화를 시원하게 할 수 있는 사람이 없
었어요. 그게 참 힘들었어요. 차츰 사람이 내려오면서 우리와 같은
생각을 가진 사람을 만나면서 소통이 되기 시작했어요. 지금은 그
게 다 마련되어 있어요. 특히 괴산은 기본 바탕이 다 되어 있어요.
제가 서울에 갈 때면 친구들이 자기랑 놀고 하루 자고 가라고 하
는데 그냥 볼일 보고 내려와요. 이미 도시에서보다 여기가 더 재밌
어요. 여기 관계하는 사람들과 함께 하는 게 더 좋아요. 어제도 한
살림 총회에 가서 민요 공연 하고 왔어요. 한살림 관계자 중 여자
들만 목요일에 모여서 민요를 배워요. 가르쳐주시는 선생님도 귀농
하신 분인데 서울에서 극 하시던 좋은 선생님이에요. 요즘 제 낙은
그 모임에 가는 거예요. 제가 도시에서 살면 글쓰기 과외선생이나

바느질을 했겠죠. 한때 인사동에서 바느질 공방을 하는 게 꿈이었는데 이 사람이 제 꿈을 무산시키면서 내려온 거잖아요. 그런데 여기선 할 수 있는 게 더 많아요. 천연염색을 할 수 있잖아요. 더 다양한 재료를 가지고 바느질을 할 수 있는 거죠. 그런데 먹고살다 보니 바느질할 시간이 없긴 하지만 그래도 취미생활을 할 수 있고 배우고 싶어 하는 사람들한테 가르쳐줄 수도 있고요. 저는 시골에서 할 것이 많고 삶의 확장성이 훨씬 좋다고 느껴요. 여기 시골은 50대 60대는 젊은 언니들이에요. 도시에서는 할머니가 되어가는 나이지만 여기서는 왕성한 활동성이 있는 나이죠. 겁먹지 말고 저처럼 울며불며 하면서 내려올 필요가 없는 거였어요. 물론 이게 지나왔으니까 하는 얘기지만 하나씩 하나씩 하다 보면 잘할 수 있어요. 그리고 도시에서와의 관계를 끝까지 가지고 오면 참 좋아요. 가족회원 30가족이 우리를 살리고 그들도 살아요. 도시의 인연을 귀하게 가지고 오세요. 제가 여기에서 참 밥을 많이 했잖아요. 도시에서도 그랬어요. 남편이 사람을 좋아해서 손님을 많이 모시고 왔거든요. 오죽하면 저기 손님용 별채를 지었잖아요. 동네사람들이 저희보고 너네는 도대체 버는 것도 없는데 저 손님들이랑 어떻게 먹고사느냐고 해요. 그래도 다 먹고살아요. 그 손님이 오시면서 먹을 걸 가져오시면 그 뒤에 오시는 손님이 그걸 먹고 그런 식으로 계속 이어져요. 먹고살게 돼요. 오히려 보탬이 되기도 하죠. 도시의 친구들은 생필품을 계속 대줬어요. 뭐 가져가면 좋겠냐고 하면 치약이 필요하다고 했어요. 손님이 많이 오시니 치약이 제일 많이 소비되더라고요. 작년에 친구들이 다녀가면서 이사 짐들이 오듯이 치약, 비누, 키친타올, 휴지 등을 가져오면서 여기 시골에는 없을 것 같은 것을 들고 왔어요. 저는 농산물을 주고 그렇게 해서 서로 사는 거죠. 도시에서 맺은 관계를 그대로 시골로 가져올 수 있다면 여기서 더 행복하게 살 수 있어요.

미래의 계획이나 꿈은 무엇인가요?

이우성　계획이라기보다 10년 사니까 쉰이 넘었어요. 마흔에서 쉰까지 산 것처럼 살면 안 될 것 같아요. 10년 동안은 시골에 정착하기 위한 과정이었다면 지금부터는 제대로 잘 늙어가야 하지 않나. 지금 제 머릿속을 꽉 채우고 있는 건 제대로 잘 늙어가는 법이에요. 저는 외부에서 찾는 것이 아니고 마을에서 지역에서 어떻게 하면 좋을까 내가 할 수 있는 일은 뭘까, 역할은 뭘까 고민하죠. 여기 박달마을은 40호 정도 되는 전형적인 시골 마을인데 이 마을 청년들이 몇 년간 여러 가지 일을 했어요. 청년이라 해봤자 청년회 장님이 환갑이 넘으시고 제가 총무인데 청년들이 열서너 명 돼요. 해바라기 심어서 마을 꽃길도 만들고, 마을 장승도 세우고, 동네 어르신들 불편한 것 있으면 살펴드리고, 상여 나갈 일 있으면 가서 메고 그런 일을 하는 거죠. 그렇게 마을 공동으로 할 수 있는 일이 무얼까 고민하고 있어요. 완주에는 할머니 할아버지가 텃밭에서 키운 농산물을 소포장이나 가공해서 직매장에서 팔 수 있는 시스템이 잘 되어 있더라고요. 그런 것처럼 할머니 할아버지들이 건나물

묵나물 만든 것들을 가져다가 용돈벌이도 할 수 있는 일이 뭐가 있을까 설계하고 있죠. 마을이 행복하게 잘살아야 저도 잘사는 것이고 또 농촌공동체에 활력도 생기지 않겠어요. 그런 곳에서 제 역할은 뭘까 고민하고 있어요. 먼저 귀농한 선배들은 후배들한테 그 경험을 돌려줘야 해요. 제가 이런저런 시행착오를 겪었으니 그들은 우리보다 더 잘살 수 있게 배려해줘야 하는 거죠. 저는 그게 먼저 귀농한 사람의 의무라 생각해요.

감물느티나무장터 가족회원제도

품목	단위	가격(원)	내용	시기	인증 단위	기타
농사 체험	수시	무료	심을 때, 수확할 때 농사 체험	4~11월		식사 제공
감자	1박스	35,000	20kg 1박스	6월	유기농	농산물
옥수수	2박스	40,000	30개 2박스(1박스 23,000원)	7~8월	유기농	농산물
고춧가루	10근	200,000	4kg(400g 1근에 20,000원)	9월	유기농	농산물
쌀	60kg	240,000	5분도/수시 공급 (20kg 80,000원)	수시	유기농	농산물
양채 꾸러미	1회	30,000	브로콜리 5통, 양배추 3통, 양상추 3통	10월	유기농	농산물
알타리김치	5kg	45,000	알타리김치로 제공	10월	유기농 재료	반찬류
된장류	3kg	100,000	된장 3kg, 간장 1리터, 청국장 1kg	11월	유기농	장류
고구마	10kg	40,000	호박고구마	11월	유기농	농산물
절임배추	40kg	80,000	20포기 내외	11~12월	유기농	1차 가공
토종잡곡 꾸러미	6kg	80,000	귀족서리태 1kg, 선비잡이콩 1kg, 팥 1kg, 밤콩 1kg, 찹쌀현미 2kg	12월	유기농	농산물
냉동 옥수수	1박스	40,000	삶아서 냉동한 것	1월	유기농	농산물
전체 농산물		930,000	가족회원 연회비 90만 원(할인 가격)			
[선택] 효소류	3리터	50,000	쑥, 오미자, 개복숭아, 쇠비름 중 3종	1월 자연 채취		가공

(전 품목 택배비 포함 가격)

다음카페 http://cafe.daum.net/gammuljang | **네이버카페** http://cafe.naver.com/gammuljang

10

약초 농사를 꿈꾸는 농부 **김영준**

괴산읍 제월리

비가족형 여성 귀농인을 만나고 나서 남성도 만나야겠다 마음먹었을 때 제일 먼저 떠오른 분입니다. 너무 가까이 알고 지내서일까요? 특별할 것도 모자랄 것도 없는 김영준 님은 어쩌면 제가 찾는 가장 적합한 인터뷰이 중 한 분입니다. 혼자 와서 외로움에 힘들어하고 자신의 처지를 '꼬라지'라 표현하지만 자연과 더불어 가는 것에 자부심을 갖고 모자라면 모자란 대로 부족하면 그것 또한 자신의 능력이라 쿨하게 인정하는 상남자입니다.

1 더하기 1은
2가 아니라 4

귀농은 언제 왜 하시게 되었나요?

햇수로 5년째고 어머니가 당뇨가 있으셨어요. 당뇨 때문에 공부를 하다 보니 약초에 관심을 갖게 되었어요. 약초 산행 동호회를 알게 되었고 약초를 배워야 하니까 산행 하시는 동호회 회원 분들따라 매주 산행을 했어요. 이왕이면 제가 몸으로 뛰어서 구한 약초로 약을 해드리는 것이 가장 좋겠다 싶어 시작한 산행이었어요. 서울에서 지방으로 왔다갔다 했는데 그때 다도향에 계신 사부님을 알게 되었어요. 사부님께 목공을 배웠는데 괴산으로 먼저 내려오셨죠. 산행도 하고 목공도 배우러 다니다 보니 3~4일씩 지내게 되면서 자연스럽게 내려와야겠다 싶었어요.

어머님이 편찮으시다고 약초를 구하러 다니는 것이 보통 일은 아닐 것 같은데요. 병원이 아니라 약초를 선택하시게 된 계기가 있나요?

저는 형제가 많은데 딱히 잘사는 형제는 없고 먹고사는 데 지장 없을 만큼 고만고만해요. 그 형제들이 병원비와 생활비를 댑니다. 어머님 발병 무렵 제가 이혼하고 검도장을 운영할 때인데 돈이 하나도 없었어요. 제가 할 수 있는 것이 제 몸으로 구한 약초로 약을 해드리는 것이었어요.

이혼 이후 검도장을 차리시게 된 특별한 이유가 있나요?

제가 검도 사부님을 알게 된 것은 꽤 오래된 인연인데 취미로만 했어요. 그전에는 자동차 판매가 주업이었고요. 꽤 잘나가는 판매 사원이었어요. 영업사원으로 잘 나가던 시절 빚보증에 도장을 잘못 찍어서 경제적으로도 어려워지고 아내와 관계도 악화되었어요. 결혼 생활을 3년 정도 했는데 연애할 때와 실제 생활은 많이 달랐어요. 경제적으로 어려워지니 아내도 많이 힘들어했고요. 처가에서도 이혼을 반대하고 법원에 가는 날조차도 장인어른과 장모님이 절 붙잡았는데 아내가 이혼을 원하고 저와 살기 싫다고 하니 어떻게 안 되더라고요. 빚보증으로 가장 힘든 사람은 전데 아무리 부부여도 제가 더 힘든데 싶었어요. 말다툼으로 시작해서 언성이 높아지고 술을 먹으면 욱하고 어떻게 안 되더라고요. 그렇게 이혼을 하고 방황을 많이 했어요. 이혼하면서 그나마 조금 갖고 있던 재산은 딸아이를 키우는 아내가 더 힘들 테니까 다 주고 나왔어요. 저야 남자니까 뭘 해도 되겠다 싶었죠. 주머니에 3만 원 들고 나왔더니 갈 곳이 없더라고요. 우리집에는 비밀이었거든요. 제가 차를 판매한 아파트 관리 소장님 사무실에서 한동안 기거했어요. 그러는 와중 너무 비참해서 한강 다리를 몇 번 다녀왔어요. 그때나 지금이나 마음이 약해서 제 목숨 스스로 끊는 모진 놈이 못 돼요. 그러다 이혼 서류가 접수되고 집에서 알게 되면서 어머님 쓰러지시고 한동안 시끄러웠어요. 저야 차라리 잘 되었다 싶어서 어머님 집으로 들어갔는데 눈칫밥을 먹게 되니 괴롭더라고요. 그때 운동을 많이 했어요. 그 시간만큼은 편하고 좋았으니까.

그렇게 운동을 하니 검도 사부님도 알게 되고 사범 생활을 권유하셨어요. 체육관을 차려서 빨리 독립할 수 있게 도와주시겠다 하시면서요. 그렇게 사범 생활을 하다가 체육관을 차렸는데 꽤 잘 됐어요.

괴산 읍내에서도 검도장을 하신 것으로 압니다.

2009년 12월에 내려와서 목공 사부님이 계신 사리에서 8개월 생활하다가 동네 이장님께서 제가 검도 사범 자격이 있는 것을 아시곤 왜 좋은 재주 썩히냐고 한 번 해보라고 해서 차렸어요. 약초 산행하면서 모은 돈으로 읍내에 검도장을 차렸는데 2년 하다가 문 닫았어요.(웃음) 저보고 읍내에 학원 같은 거 차려서 귀촌하고 싶다고 조언 구하는 분이 계시면 저는 아주 반대예요. 예체능 계열은 더더욱이나. 기초 인구 자체가 없어요. 선생이 잘 가르치냐 아니냐

는 중요하지 않아요. 수강할 아이들이 없는 것이 문제예요. 무료 수
강생을 모집한다면 모를까 생활 기반으로 삼으면 저처럼 금방 문닫
아요.

그 후 농사는 어떻게 시작하시게 되었나요?

농촌이다 보니 자연스럽게 농사에 관심을 갖게 되었어요. 농사에
관심을 갖게 된 결정적 계기는 장연에 계신 홍 선생님을 알게 되면
서부터예요. 장연 식구들을 알게 되고 그들의 삶이 예사롭지 않고
그 삶 때문에 제가 마음을 많이 바꿨어요. 농사를 짓게 된다면 저
는 약초 농사를 짓고 싶었어요. 돈을 모으면 산을 사서 자연산 약
초를 키우고 싶어요. 지금은 일반 농사부터 시작하는데 게으른 농
부다 보니 옥수수하고 콩만 지어요. 화학비료와 약을 치면 수확은
많겠지만 그래도 나름 친환경 농사를 지어요.

장연에 다니시면서 농사에 대한 마음을 먹게 되었는데 그때의 마음
이 궁금합니다.

검도장을 하면서 많은 사람을 알게 되고 택견 관장님도 알게 되
었는데 같이 엮여서 옥천에서 하는 도민체전에 갔다가 홍 선생님
을 알게 되었어요. 어떤 일을 하든 제게 진정한 정신세계를 깨우
쳐준 사람은 없었어요. 운동 사부님도 목공 사부님도 참 많은 것
을 알려주시고 기술적으로 많은 도움을 받고 있지만 정신적인 것
은 늘 부족했어요. 그런 와중에 홍 선생님을 만나게 되었는데 그냥

그분을 보면 즐겁고 웃음이 나고 그랬어요. 선생님을 보면 자꾸 마음을 내려놓게도 되고요. 홍 선생님을 알게 되면서 마음이 열리고 주변이 편안해졌어요. 그분과 대화하면 마음에 와 닿는 부분이 많아요.

그분을 처음 봤을 때 정말 이상했어요. 복장도 독특하시고 무속인인 줄 알았어요. 저 사람 뭐지 싶어서 지켜봤는데 그분 밑에 또 시집 안 간 젊고 독특한 분들도 있더라고요. 그때 남자가 현재님밖에 없었는데 갑자기 장가를 가더니 아이를 낳더라고요. 그분들에게 자꾸 관심이 가고 자연스레 빨려 들어갔어요. 저 공간에 자주 들락거리면 내가 뭔가 채워지지 않을까 싶었어요. 핑계를 대서라도 장연 식구들 속으로 들어갔고요. 홍 선생님이 어떤 말씀을 일부러 해주시진 않는데 살아가는 모습을 보면 볼수록 채워지는 것이 있어요. 마음에 작은 빛이 들어온다고 해야 할까요. 도시적인 사고방식으론 상식 밖이에요. 혼자 전기도 안 들어오는 산 속에 살고 계시고 행선당은 여자 분들이 직접 불 때가면서 살고 있고요. 그분들이 본시 그렇게 살아온 분들이 아닌데 홍 선생님을 만나서 그렇게 살고 계시더라고요. 남자들도 마찬가지지만 여자란 본시 예뻐지고 싶어 하고 편하게 살고 싶어 하기 마련인데 말이죠. 저도 도시에서 올 땐 최대한 자연을 거스르지 않고 생긴 대로 사는 생태적인 삶을 꿈꾸었는데 장연 식구들이 그렇게 살아요. 장날 나오시면 차 한 잔, 보리밥 한 그릇이라도 늘 사주고 가시고, 제가 대접해야 하는데 얻어먹은 게 많죠. 장연에 가서 장작도 해보고 일도 같이 했어요. 그 집에서는 손님도 무조건 일을 해야만 밥을 먹어요. 손님이라 해서 가만 앉아 있는 법이 없는 것을 본 거죠. 보통 손님이 오면 가만히 편하게 앉아서 대접받다가 가잖아요. 그런데 행선당은 최대한 편하게 대접하는 게, 같이 일하는 것이 편한 거고 대접하는 거예요. 손님조차도 그렇게 생각하고 일을 하고요. 진정한 삶은 저런 삶인데 하는 생각이 들었어요.

농사짓는 것도 낟알이 아니라 농사의 대가를 중요하게 여기고 있었어요. 열심히 하는 것은 기본이고 편하게 짓자 하면 풀 안 나게 약 치고 비료 주면 되는데 퇴비도 직접 만들어 쓰시고 일일이 풀을 매면서 농사를 짓더라고요. 농사를 크게 짓는 것도 아닌데 오염 없이 짓는 거죠. 옛날에 말로만 들어봤지 생태 화장실을 쓰면서 그것을 퇴비로 만들고 호미 들고 쪼그리고 앉아서 풀을 뽑는 건 처음 봤거든요. 도시 사람들 또 여기서 농사짓는 분들은 답답하게 여길 수 있어요. 그런데 그게 좋아 보였어요. 그렇게 살아가는 모습에서 힘들던 제 마음이 조금씩 열렸어요. 그네들이 사는 모습을 통해 제가 살아오면서 땅에 투자하지 않고 진정한 땀을 흘려본 적이 없는 것 같아서 농사를 짓게 지었어요.

농사를 지으면서 얻게 된 것과 선생님의 농사관을 말씀해주세요.

장연 식구들처럼 제 밭도 옛날식으로 지어요. 농사지으면서 이웃에 여기저기 물어보기도 하고 기웃기웃 보기도 하죠. 그분들은 기본으로 약을 치면서 농사를 지으시니까 저한테는 크게 방식적으로 도움이 되진 않아요. 남들 하는 대로 약 치고 화학 비료 주면 수확 많아지는 건 잘 알죠. 어머니나 주변 어르신이 저보고 그렇게 농사지어서 어디다 쓰냐고 잔소리들 하세요. 콩 농사 지으면서 저는 땅에 떨어진 것 안 줍는데 어머니는 줍다 줍다 안 되니 이모님까지 불러서 주워요. 저는 떨어진 것은 새나 동물의 밥이 되든지 아니면 썩어서 땅의 거름이 되면 된다고 여겨요. 제가 게을러서 거두지 못하고 땅에 떨어졌는데 그걸 줍는 것은 욕심이니까요. 안 떨어진 것만 가지고 만족할 수 있어야 재밌어서 다시 농사짓지, 그거 아깝다고 신경 써서 줍고 마음 쓰면 재미없어 농사 못 지어요.

약 치면서 하는 것은 싫거든요. 제 땅이 없으니까 유기농 인증 그런 거 필요 없어요. 제가 약을 안 치면 안 하는 거고 저를 못 믿으면 안 먹으면 되는 거지, 안 팔리면 우리 식구들 나눠주면 된다고 생각해요. 제가 큰 돈을 벌려고 농사를 짓지는 않으니까요. 다만 제가 생활을 하는 데 큰 불편 없게 하려고 현금화하려니까 농사를 짓는 거고 그거 말고도 돈을 벌려면 다른 일도 많아요. 월급쟁이 하는 게 제일 좋은데 월급쟁이 할 만큼 제가 부지런하지 않고 규칙적인 생활에 어울리지 않는 것을 알아요. 또 밖에 나가 일을 하면 남의 일은 잘합니다만 그러고 싶지 않아요. 농사를 짓는 건 수확이 중요하지만 제가 흘린 만큼의 노력과 땀이 열매니까 거기에 더 욕심내지 않아요. 그렇다고 농사를 망친 것도 아니고 같은 크기 땅에서 남들보다 덜 수확하면 그건 땀을 덜 흘린 제 잘못이죠. 단 자부심은 있어요. 약 안 치고 화학비료 안 주고 땅이 주는 대로 받았어요. 그러니까 수확이 적은 것이 당연하다고 저 자신을 위로하는 것이에요. 그러려고 작게나마 농사짓는 것인데요. 땅이 저를 위로하고 재밌어요. 심지어 콩 파니까 돈을 주더라구요. 그걸 가지고 중고지만 경운기도 샀고. 저는 풀도 어느 정도 자라게 내버려둬요. 그리고 일정하게 크면 예초기로 밀어요. 뽑는 것도 너무 마음 아파요. 풀도 조금 자라줘야지. 그러면 잘린 부분은 땅에 거름이 될 테고. 다 약을 치면 그 풀들도 멸종할 거 아니에요. 지금은 풀 때문에 괴로워도 땅이 살잖아요. 남의 땅인데 병 들여놓고 떠나는 것보다 건강하게 해놓고 가야지 싶어요. 또 풀이라 해서 다 잡풀이 아니에요. 그중에서도 빼 먹어요. 그중 잘 자라면서도 좋은 게 쇠비름이에요. 이 동네에선 제 밭에서만 자라요. 다른 밭은 약을 치니까 안 자라요. 그거 뽑아서 효소도 담고, 나물로 드시라고 주기도 해요. 농사는 치유 능력이 가장 세고 저한테 가장 잘 맞아요. 땅을 바라보고 있으면 마음이 편해지고 농산물이 나오면서 제 마음도 환해지고 뿌듯해지고 같이 크는 기분이에요. 올해 농사지으며 생긴 새로운 목표가 있는데 피복기 기능이 있는 관리기를 하나 사고 싶어요. 중고라도 하나 마련하면 빌리는 것보다 좋을 테고, 살림살이 늘어가는 재미도 있고요.

혼자 살고 계신데 늘상 장가가고 싶다고 말씀하시잖아요. 농촌에서 혼자 산다는 것은 어떤 건가요?

농사는 혼자 짓는 건 일이고 부부나 누군가와 둘이 짓는 게 좋

아요. 1 더하기 1은 2가 아니라 최소 4가 돼요. 아랫밭 할머니 할아
버지 농사짓는 거 보고 느꼈는데 평생 농사지으신 분들이니까 그
만큼 숙련돼서 잘 지으시겠지만, 혼자서는 감당 안 되는 것을 둘이
하면 네 사람 몫이 나오니 충분히 감당이 돼요. 그렇게 하면 일이
엄청 빨라요. 그래서 재밌는 게 농사는 인력 싸움이라는 거예요.
아무리 기계화되더라도 사람 손길이 많이 가고 주인이 자꾸 애정
을 쏟아줘야 농작물이 잘 자라듯이 아무래도 가서 보면 풀 한 포
기라도 뽑아낼 거 아니에요. 그게 애정을 쏟는 거고 그렇기 때문에
사람 손이 필요한 건 농사밖에 없다고 생각해요.

　저는 평범하게 생활하고 싶고 그중 못 이룬 게 가정이에요. 늘상
아내가 필요한 사람이죠. 사랑받고 사랑해줄 동반자가 필요해요.
밥 해주고 빨래 해주고 농사 일을 거들 사람이 필요한 게 아니라.

장가가고 싶다고 하면 여자 많은 도시에서 찾아야지 왜 이런 시골에 있냐고 말씀하시는 분도 계세요. 저도 사람 많은 도시에서 살아봤는데 그게 사람이 많다고 짝을 찾는 것은 아니잖아요. 생활하면서 짝을 만나야겠다 싶어요. 지금도 생각하는 것이 제가 사람이 덜 되었구나 배려심이 없구나 크고 너그러운 사람이라면 벌써 짝이 왔겠지 해요. 사실 1 더하기 1이 4가 되는 것은 일적인 부분만 말하는 것은 아니에요. 일을 하고 들어왔을 때 환하게 웃어주면서 마주 앉아서 고생했다고 대화하고 같이 밥 먹고. 모든 것이 더 크죠. 도시의 일은 땅과는 관계없는 일이 대부분이잖아요. 농사한다고 땅을 밟고 만지는 순간부터 반쪽이 더 필요해요. 또 대부분 부부가 같이 있어요. 그러면서 서로 깊어지고요. 물론 농촌 사람들도 싸우지만 그런 거 자체가 부럽죠. 제가 만날 분은 기왕이면 생각이 같아서 시골 살림을 같이 꾸려갈 수 있으면 좋겠고 그런 분 만나면 덜 고생시키기 위해서 하나라도 몸소 체험해놔야지 하는 마음으로 살아가고 있어요.

귀농/귀촌을 하면서 실수나 시행착오가 있다면요?

검도장을 하게 된 것이 가장 큰 시행착오죠. 예체능 업을 하던 사람들은 귀촌을 하더라도 군 단위로 내려와서는 돈벌이가 안 되기 때문에 반대예요. 귀촌할 때 돈이 많아서 죽을 때까지 돈 걱정 안 할 거면 귀촌해도 되죠. 그렇지 않다면 귀촌해서 소득을 발생시킬 수 있는 일을 해야 하는데 그 일만큼은 아니라고 생각해요.

또 생각해보니 제대로 준비하지 못하고 내려왔어요. 귀촌해서 소득을 발생시키려면 귀농밖에 없고 작게라도 농사를 지어야 하는 것을 늦게 깨달았죠. 특히나 저처럼 아무것도 없이 땅도 없고 기계 하나도 없이 남의 손 빌려서 농사를 지으려면 큰 농사를 못 짓고 큰 농사를 못 지으면 절대로 수입이 안 된다는 것도 나중에 알았고요. 작게 시작한 농사를 지으면서 짬짬이 막노동하고 그럽니다. 가장 어려운 것은 외로움이에요. 적응하는 것도 힘들었고요. 도시에서 화려한 불빛 있고 사람 많고 24시간 불 켜진 술집과 편의점들을 이용하면서 살다가 여기 오면 당황스러워요. 늦은 저녁 술 한잔 그리워 읍내에 나가면 다 문 닫아서 갈 곳이 없어요. 다니는 사람도 없고요. 그러다 보니 같이 술자리 할 사람이 없어서 처음 2년 넘게는 술도 안 먹었어요. 그러다 한 명씩 알게 되면서 조금씩 먹어요. 도시에서 느끼는 외로움과는 질이 좀 달라요. 특히나 저처럼 아는 사람도 없고 고향 같은 연고도 없으면 외로울 수밖에 없어요. 준비가 덜 되었으니까 그런 외로움이 있을 줄 생각도 못했어요.

귀농/귀촌으로 얻은 것과 잃은 것이 있다면 무엇인가요?

얻은 것이 많죠. 일단 마음이 편해졌고요. 뭐 도시에서도 노력한 만큼 소득이 발생하는 건 마찬가지지만 그런 개념이 아니라 정말 마음 편하게 소득을 발생시키고 크든 작든 그것에 만족하는 삶을 살고 있어요. 제가 한 것으로 만족할 수 있는 마음이 생겼어요. 그것이 얻은 것이고 도시적인 생각을 버리게 된 게 얻은 것이면서 잃은 것이에요. 예를 들어 여기서는 술집이나 나이트클럽을 불쑥 마음먹고 간다거나 하는 도시적인 생활을 할 수 없기 때문에 어쩔 땐 그립기도 해요. 그런 생활이 가끔은 그립지만 잃어도 괜찮아요.

앞으로 꿈꾸는 미래는 무엇인가요?

처음엔 그럴싸한 생각을 가졌는데 지금은 꿈꾸는 미래가 없어요. 지금 삶에 만족하고 이 살림에서 조금조금 생기는 것이 있다면 제가 원하는 터를 구해서 살고 싶어요. 산을 하나 구입해서 같이 더불어 살고 싶은 인연들과 어울려 살고 싶죠. 산에서 자연적으로 자라나는 약초도 있겠지만 그 산은 허물거나 인위적으로 가꾸지 않고 최대한 자연 친화적으로 자라날 수 있게 약초 농사도 짓고 싶어요. 천연 약초가 귀한 시절이에요. 약초가 꼭 필요하신 분들에게 주기 위해서 약초 농사를 하고 싶어요. 또 마음 공부 하시는 분, 몸 수련 하시는 분, 무술 하시는 분 등 누구나 와서 편하게 몸짓 발짓 움직일 수 있고 더불어 함께 서로 배우고 가르쳐주는 공유하는 공간이 되면 좋겠어요. 마음만으로 풍요로워지는 그런 산 살림을 하고 싶어요.

귀농/귀촌을 준비하시는 이들에게 조언을 해주세요.

나름 준비를 하고 내려왔는데도 힘들었어요. 준비가 많이 필요해요. 적응을 못 하는 사람들이 태반이에요. 농촌에서 살던 사람은 도시에 가서 쉽게 적응하지만 반대 경우는 적응하기 어려워요.

귀농 카페에서 만난 분들은 제가 집으로 많이 불러들이면서 섣불리 귀농/귀촌을 말하지 말라고 해요. 저는 꼬라지라 하는데 제가 사는 꼬라지를 보고도 귀농 이야기를 하겠느냐고 하죠. 놀다 가든 들렀다 가든 제 꼬라지를 보여드리면 생각들을 많이 정리하시더라고요. 귀촌도 귀농도 삶이 완전히 바뀌는 거니 신중해야 해요. 몇 년 살아보고 결정해도 되니까요. 산다는 것은 짬 날 때마다 와서 시골 삶을 몸으로 체험하면서 지내보는 거예요. 그게 가장 기초고 그렇게 하고도 실패율이 높아요. 준비 과정은 최소 3년 정도 일주일에 하루이틀 시골 살림 겪고 살아본 다음에 하면 좋겠어요.

그다음에는 귀농/귀촌을 하면 중요한 한 가지, 사람을 만나면 나이가 많든 적든 무조건 먼저 인사해야 해요. 그게 가장 빠르게 적응할 수 있는 길이고 시골 생활에 도움이 돼요. 시골이라고 먼저 아는 척하고 친해지자 할 것 같지만 그렇지 않아요. 먼저 인사하고 친해져야 같이 인사하고 찾아와요. 그래야 따뜻한 말 한 마디라도 오고 갈 수 있어요. 또 그림 같은 집을 짓겠다는 환상을 갖지 말아야 해요. 또 도시 사람들이 티가 나는 이유가 외딴 곳에 집을 짓고 펜스로 담을 쳐요. 그러면 100% 저 사람 귀농한 사람이구나 하고 알게 돼요. 자기 딴에는 예뻐서 치는 건데 여긴 내 공간 저긴 네 공간 하고 구분 짓는 개념이 원주민하고 거리감을 만들 수 있는 가장 큰 이유예요. 담이 없어야 네 집 내 집이 보이고 왕래하기 편한데 높은 담을 만들면 안 친해져요. 그것이 제가 보는 입장에서 꼴불견이면서도 걱정되는 부분이에요. 또 돈 걱정 없는 사람들은 와

서 무엇을 하든 자기 멋에 살면 괜찮은데 빈털터리로 먹고살기는 도시가 나아요. 먹고사는 일에 체면은 필요 없다는 말이에요. 내려 오면 자신을 낮춰야 하나라도 더 빨리 배워요. 시골에선 품도 팔 아야 해요. 농사를 짓더라도 이 근처 땅에 사시던 분들, 농사를 짓 던 분들이 가장 잘 알거든요. 일 좀 시켜달라고 쫓아다녀야 돼요. 일 있으면 불러달라고 말이죠. 그게 적응하기 가장 빠른 방법이기 도 하고 배우는 방법이기도 해요. 자꾸 하다 보면 불러주면서 가르 쳐주세요. 혼자 농사짓는답시고 하면 안 돼요. 알곡이야 생기겠지 만 평생 사시던 분들이 짓는 방법이 가장 적합한 거예요. 물어본다 고 그냥은 알려주지 않거든요. 동네에 무슨 일 생기면 열심히 참여 하고 그래야 해요. 저는 동네에 어르신들 모이면 약술 한 병 차고 가요. 파는 술이 아니라 제가 산에서 캔 약초로 담근 거라고 하면 좋아하세요. 아무것도 아닌 정성을 내어놓는 거죠. 자신이 가장 잘 할 수 있는 것으로 접근하는 게 가장 빨리 친해지는 길이고 잘 적응할 수 있는 길이에요. 시골에선 내가 가장 초보고 직장으로 따지면 신입이기 때문에 그런 자세를 갖는 것이 필요하다는 이야길 해주고 싶어요.

11

대안학교 교사 **허선웅**
괴산군 자립형대안학교 〈느티울 행복한 학교〉

귀농의 다양한 형태 중에 미래의 꿈나무인 사람 농사를 짓는 것을 꼭 소개하고 싶었습니다. 왜 학교를 시골에 세웠는지 과연 대안 교육이란 무엇인지 궁금했습니다. 또 옆에서 지켜본 대안학교 선생님은 너무 힘들어 보여서 어떤 생각을 지니고 계신지도 궁금했습니다. 그들만의 리그 교육이 아닌 마을 학교를 꿈꾸고 아이들을 진정으로 사랑하는 것이 무엇인지 고민하는 참 건실한(?) 청년 선생님입니다. 선생님의 조건은 지식이 아니라 마음임을 가르쳐주셨습니다.

사람과 사람이 진짜로 만나면
감동이 있다

느티울 행복한 학교를 소개합니다.

느티울 행복한 학교는 충청북도 괴산에 소재한 중고등통합형 비인가 대안학교입니다. '괴산槐山'의 순우리말인 느티울에서 몸과 마음과 정신의 자립을 배우며 행복한 삶을 만들어가기 위해 설립되었습니다.

우리는 학교를 통해 학생 학부모 교사, 주위의 이웃들 모두 행복해질 수 있기를 바랍니다. 비록 1등이 아니어도, 부유하지 않아도, 유명하지 않아도, 날씬하고 예쁘지 않아도, 스스로를 온전히 돌보고 보살피는 법을 배움으로써 우리의 장단점을 있는 그대로 사랑할 수 있게 되기를 희망합니다.

우리는 행복하기 위해 이상을 살기보다 일상을 살기 위해 노력합니다. 밥을 먹을 때 감사하고, 일을 할 때 정성을 들이며, 놀 때는 재미있게 놀고, 주위 사람들의 장점을 보기 위해 노력하며, 자연을 사랑합니다. 무엇보다 부지런하기 위해 노력합니다. 다른 사람이 나를 행복하게 해주기를 기다리기보다 땀을 흘려 스스로의 행복을 만들어갑니다.

우리는 저마다의 행복을 만들어가기 위해

- 아무리 힘든 일을 만나도 행복한 마음을 지킬 수 있는 법

- 몸과 마음과 정신이 함께 쉬는 법, 건강하게 먹고 입고 자는 법

- 몸을 자유롭게 사용하는 법, 즐겁게 마음껏 노는 법

- 자연의 소중함과 아름다움을 경험하는 법

- 다른 사람의 이야기를 잘 듣는 법

- 스스로를 잘 표현하는 법

- 책을 읽고 생각을 정리하는 법

- 일을 할 때 순서에 맞게 협력하는 법

- 다른 사람의 고생을 헤아릴 수 있는 법

- 정당하게 돈을 벌고 짜임새 있게 쓰는 법

을 생활 속에서 연습합니다. 우리의 삶 속에서 몸으로 부딪히고, 몸으로 만난 질문을 스스로 탐구하며, 자신만의 해답을 바른 마음으로 정성을 다해 실천하는 과정을 통해, 행복할 수 있는 저마다의 힘을 키울 수 있다고 생각합니다. 우리의 삶이야말로 참 좋은 배움

터입니다. 우리는 자립하여 행복한 사람들이 비로소 자유롭고 평등한 세상을 만들 수 있다고 믿습니다. 스스로 행복한 사람은 저마다의 빛으로 세상을 밝고 따듯하게 합니다.

http://www.happy-school.net

허선웅

느티울 행복한 학교의 전신은 강화 마리학교입니다. 2009년 괴산으로 이전했고요. 우리 학교의 슬로건은 '삶은 참 좋은 배움터'입니다. 추구하는 가치죠. 아이들의 배움이 삶으로 연결되고 그 삶이 곧 배움이 되는 거죠. 그리고 괴산을 아우르는 학교를 지향하고 있습니다.

괴산으로 이전하신 이유는 무엇인가요?

마리학교는 개인 소유 건물에서 기숙사와 학교 공간을 쓰고 있었는데 계약이 만료되면서 이전 논의가 이루어졌어요. 2009년 중등 3년 과정이 끝나고 고등과정 개설 논의와도 맞물려 있습니다. 부지를 매입하자는 의견도 있었는데 강화도 인근에 마땅한 부지가 없었어요. 물론 비싼 땅값도 감당기 어려웠고요. 그때 학교에서는 마을학교에 대한 꿈이 있었습니다. 마을 공동체를 만들고 그 마을 안에서 함께하는 학교였어요. 때마침 괴산에 있는 지인 분께서 괴산은 땅값이 싸고 귀농자 분들도 많고 한살림 생산자 연합회도 있다고 했어요. 지금 학교가 자리 잡은 이 공간도 사용할 수 있었고요. 강화도는 학교만 떨어져 있던 섬이었어요. 반면 괴산은 여러 가지 여건상 우리가 꿈꾸던 지역과 함께하는 학교가 될 수 있겠다 싶었죠. 그런 이유들로 괴산에 왔습니다.

괴산을 아우른다, 또 마을학교를 꿈꾼다 하셨는데 구체적으로 설명해주세요.

지금 학생 구조가 괴산 아이들이 아닌 타지역 도시 아이들이 대다수예요. '삶은 참 좋은 배움터'라는 학교 철학을 실현하기 위해선 마을 그리고 괴산 학생들이 더 많아져야 한다고 생각합니다. 지역 아이들이 함께 더불어 살아가는 거죠. 학부모님들을 만나보면 귀농을 꿈꾸시는 분들이 많아요. 그분들이 귀농지를 선택할 때 도움이 될 수 있다고 생각해요. 학교를 중심으로 귀농하고 아이들은 학교를 다니고 그것이 자연스럽게 마을 공동체로 이어질 수 있는 계기가 되길 바라는 거죠. 그래서 따로 떨어진 학교섬이 아니라 학교 운영에 학부모도 참여하고 그분들이 곧 마을 지역 분이 되어가는 것입니다. 학부모들이 아이들을 삶 속에서 가르치고 아이들이 성장해서 다시 지역 주민이 되어 살아가는 구심점이 되는 것이죠. 그래서 자연스레 괴산 지역 전체를 아우를 수 있는 학교가 되는 겁니다. 부모와 아이가 함께 삶을 꾸려가는 것이죠. 장기적으로는 괴산 지역의 아이들이 60~70% 구성되고 그 아이들이 여기서 자라고 또 도시로 나가는 것이 아니라 여기서 살아가는 겁니다. 마리학교에서 학교를 중심으로 하는 공동체를 꿈꾸었고 괴산으로 이

전해서 구체적으로 꿈을 실현해나가는 거죠.

선생님께서 말씀하시는 공동체는 무엇인가요?

물리적 공동체를 뜻하는 것이 아니라 의미적 공동체를 뜻합니다. 흔히 공동체라 하면 한 마을에 모여 살거나 특정한 일을 함께 하는 것을 많이 생각하시는데 광의적으로 봐야 합니다. 한곳에 모여 있다고 해서 공동체는 아니거든요. 이 마을 저 마을에 살아도 서로 관심을 갖고 어떤 일이 있으면 함께 품앗이도 하고 새로운 일을 누가 하려 하면 아낌없이 도움도 주고요. 커다란 의미에서 괴산 지역 공동체를 꿈꾸는 거죠. 그것이 학교가 중심이 되어 자연스럽게 이루어지길 바라고요.

대안학교 교사라는 직업을 택하신 이유는 무엇인가요?

어릴 적 꿈이 선생님이었어요. 살다 보니 다른 일을 하게 되었고요. 부산 한살림에서 1년 정도 근무했는데 그때 생산자 방문을 많이 했어요. 현장에서 마주한 농부들의 모습이 충격적이었어요. 더불어 한살림 가치와 독서를 통해 가치관의 변화가 생겼어요. 시골에서 살아도 괜찮겠다는 마음이 들 무렵 동학수련을 갔는데 그곳에서 마리학교 교장선생님을 만났어요. 그게 계기가 되었죠. 가치관이 바뀌고 대안학교 선생님을 만나고 어릴 적 꿈이 상기되면서 자연스럽게 인연이 되었다고 할 수 있어요.

충격을 받고 삶을 바꿀 만큼 바뀌게 된 가치관의 변화는 어떤 건가요?

저한테 농사짓는 사람은 무식하고 그냥 나고 자라서 주어진 대로 농사짓고 늙어가는 것이었어요. 그런데 그렇지 않더라고요. 한 살림 특성상 방문한 농가들이 다 친환경 농사를 짓는 분들인데 똑똑하고 말씀도 잘하시고 고학력자더라고요. 농사에 대한 농부에 대한 가치관이 변화한 거죠. 농사의 중요성도 알게 되고요. 말로만 농사가 중요하다 했지 사실 도시에서는 크게 소중한 일로 여기지 않잖아요. 소박한 삶에 대해 고민하기 시작한 거죠. 그전에는 그것을 몰랐거든요. 어느 날 책을 읽는데 너무 당연한 말을 접했어요. '적게 쓰면 적게 벌어도 된다.' 크게 다가온 것은 도시에 살면서 돈을 많이 벌지도 못하면서 돈을 많이 벌어야 한다는 강박에 잡혀 있었는데 그게 아니라는 걸 알게 된 거죠. 자본주의 사회에서 능력 유무를 떠나 돈을 많이 벌어야 하고 타인이 보기에 괜찮아 보이는 직업을 가져야 하는 것에서 벗어날 수 있다는 것이 좋았어요. 차라리 돈을 많이 벌면 자유로웠을 텐데 그렇지 못한 형편에서 강박만 있으니까 괴로웠죠. 그런데 자유롭게 살 수 있다는 것을 알게 된 거죠. 욕심도 없는데 시스템을 따라가지 않아도 되고 편안했어요. 뭘 해도 벌어먹고 살면 되는 거니까.

대안학교 교사로 귀농을 선택한다고 했을 때 부모님이나 주변에서 반대하지 않으셨나요?

부모님은 좋아하진 않으셨어요. 사실 대안학교가 뭔지도 모르시

고. 그냥 취직했다고 하고 도망나왔어요.(웃음)

대안학교 교사란 무엇이라 생각하세요?

귀농하기 전에 생각하는 농촌의 삶은 잔디죠. 전원 생활을 그리니까. 하지만 닥치면 잡초예요. 잔디의 가치는 여유고 잡초는 생활이고 일이에요. 밖에서 보면 성숙한 사람들이 존중하고 배려하는 이상적인 곳으로 생각하고 와요. 생활해 보면 꼭 그렇지만은 않아요. 대안학교도 사람이 생활하는 곳이라 모든 것이 다 힘들죠. 저는 신념이 강한 사람이 아니에요. 보통 대안학교를 세우고 운영하시는 분들은 강하시죠. 인터뷰 요청을 받으면서 고민한 것이 나는 신념 같은 거 없는데 어떡하나 했죠. 저는 배우고 싶었어요. 처음에 본 학교의 교육 과정도 마음에 들었고 학생들한테 가르치는 사람이기보다 함께 배워가며 살고 싶었어요. 지금 제가 생각하는 대안학교 선생은 그런 것이에요. 아이들과 함께 농사도 배우고 철학도 배우고 더불어 관계하면서 삶을 꾸려가는 거죠.

함께 삶을 꾸려간다고 표현하시지만 교사이긴 하니까 대안학교 교사로서 가장 어려운 것은 무엇인가요?

좀 추상적일 수 있는데 제가 학생들을 진심으로 사랑하지 못한다는 것, 사랑이 가장 어려워요. 외려 지식적인 측면은 어떻게든 하죠. 학생들과 교감하고 친밀해지고 그렇게 지내야 하는데 생활해보니 제가 아이들과 노는 게 그렇게 재밌지는 않아요. 아이들과 잘 지내는 모습과는 좀 다른 거죠. 대안학교 선생으로 5년을 살아왔는데 항상 그 부분에서 미안한 마음이 들어요. 이번에 아이들이 졸업하는데 그런 말을 했어요. 사람과 사람이 진짜로 만나면 그 사이에 감동이 있다. 그런 감동을 가지고 살고 싶은데 아이들하고 진짜로 만나지 못하고 형식적으로 만나는 것 같아서 그것이 어려워요. 사랑하는 것처럼 보이는 것과 정말 사랑하는 것은 저만이 아는 거니까.

아이들도 다 개인이고 어른들은 우아를 부리는데도 서로 신뢰를 쌓고 사랑하는 게 어렵잖아요. 또 아이들은 거칠기도 하고. 그 아이들을 다 사랑한다는 것은 신이 아닌 이상 어렵지 않나요?

전 아이들의 거친 부분들이 크게 어렵지 않아요. 아이들은 일부러 그러진 않거든요. 아이들이 나쁘면 얼마나 나쁘겠어요. 아이들과 감정적으로 관계하는 부분이 처음엔 이게 뭐야 하면서 어렵기도 했어요. 아이들이 어른 된 입장으로 덤비기도 하는데 그건 덤비는 것이 아니에요. 그 아이들 나름 감정을 표현하는 거죠. 아이들은 어떻게 하고 싶은 게 아니라 표현력이 부족한 거예요. 제가 관심을 기울이면 그런 것들은 충분히 알 수 있어요. 아이가 어떤 부분이 부족한지 보는 거죠. 제 안에 사랑이 부족한 거니 제 문제예요. 애들하곤 전혀 관계없는. 교사와 교사 사이도 힘들고. 그런 것은 어딜 가나 힘든 거니까 당연한 거라 볼 수 있어요. 사람이 먼저라는 말처럼 정말 사람이 먼저인데 제가 학생들과 사람으로 잘 관계하지 못하는 것은 온전히 제 책임이고 제 부족함이라 그게 제일 힘들어요. 자괴감이 들 때도 있고 여기서 그만둬야 하나 하는 생각이 들 때도 있고요. 내가 애들한테 관심과 사랑이 없는데 어떤 의미가 있나, 나는 자질이 없나 보다 싶어 그만두려 한 적도 있어요. 그러다 그것 또한 저의 부족함이니 열심히 하면 되겠지 하는데 왔다갔다 해요. 전 그게 제일 힘들어요. 아이들에게 잘해줄 수 있지만 진짜 사랑은 제 안의 저만의 문제죠.

대안학교 느티울 행복한 학교는 어떤 가치를 지니고 있고 일반 학교와 비교했을 때 무엇이 좋은가요?

행복이 가장 중심 가치죠. 아이들이 행복해지는 공부를 하고 그렇게 살아가는 방법을 함께 찾아가는 것이죠. 아이들이 대안학교

를 다니면 제일 좋은 것은 정서적인 부분이에요. 현실 제도권 안의 학교는 아이들의 정서적인 부분은 무시되기 십상이에요. 우리 학교에 다니는 아이들이 변화하는 모습을 보면 정서적인 부분을 공감하고 배려하는 것이 중요하다는 것을 많이 느끼죠. 일반 학교에서 계속 배척당하던 학생도 정서적 공감을 받으면 많이 변화하거든요. 그 변화 과정을 선생님들이 기다려줘요. 아이 한 명 한 명의 감정 상태를 충분히 이해하려 노력하고 강압하지 않아요. 그게 가장 큰 장점이에요. 방어적 표현이 다른 곳에선 인정받지 못하고 나쁜 행동으로 비춰지지만 우리는 지금의 상태라 인정해주고 기다려주거든요. 그러면 아이들은 많이 밝아지고 좋아집니다. 두 번째는 학생 인권입니다. 우리는 학생 자치를 중요시해요. 학생도 동등한 인권이니 공동체 질서를 파괴하지 않는 선에서 자유와 권리를 존중

해주는 거죠. 선생님과 학생이 수직이 아닌 동등한 인격체로 관계 맺음하려 노력해요. 어떤 학생은 그렇지 않다고 하기도 하는데.(웃음) 처음 학교에 오신 학부모님은 많이 놀라기도 해요. 학생이 선생님을 툭툭 치면서 서스럼없이 행동하니까 버릇없이 함부로 하는 것처럼 보이거든요. 하지만 그건 학생과 선생님 간의 소통 방식이에요. 교과 과정에서도 일반 학교는 지식 교과 위주로 편성되어 있잖아요. 그게 머리는 크고 몸은 왜소한 현대인을 표현한 조각상과 같다고 봅니다. 머리만 계속 쓰는 거죠. 그건 삶이 없는 거예요. 우리는 살기 위해 공부하고 일하는데 실제론 일하기 위해 살고 공부하기 위해 살고 있어요. 학생들은 공부하기 위해 살고 있다고 보여요. 우리는 대학에 가기 위한 수단으로 공부를 가르치는 것이 아니라 삶을 가르치죠. 학생이 십몇 년을 대학 하나 보고 사는 그 삶이 참 아깝잖아요. 그 시기에도 누려야 할 것이 있는데 말이죠. 학생들이 삶을 충분히 살아내기 위한 고민을 많이 하고 있어요. 순간을 충분히 살고 즐길 수 있게 말입니다. 지식 교과 중심이 아닌 학생이 삶 속에서 자기 삶과 직접 관련 있는 수업들을 병행할 수 있게 배려합니다. 학생 한 명 한 명의 재능에 맞는 수업을 진행하는 것이 가능하죠. 예를 들어 졸업 작품집을 만들면 주제가 다 달라요. 목공, 에스페란토, 영상, 수필, 그림집, 풍물 등 다양하죠. 제각각 특성이 다른 학생에게 하나의 잣대를 들이대지 않고 관심과 자질에 맞는 수업을 할 수 있고 삶과 연관된 것을 배울 수 있다는 것이 대안학교의 장점이에요.

아이들이 제도권에서 벗어난 교육을 받는 것은 좋지만 우려되는 점이 있습니다. 고등학교 3학년 성적이 평생 삶의 질을 담보하는 사회가 비정상이지만 그렇다고 현실을 무시할 수도 없으니까요. 현실과 철학의 괴리 같은 사회 구조적 문제는 어떻게 해결하시나요?

두 가지 말씀을 드릴게요. 지난번 괴산에 법륜 스님이 오셨어요. 중원대를 다니는 학생이 질문을 했는데 영상학을 전공하고 자기는 세상을 아름답게 바꿀 수 있는 다큐멘터리를 만들고 싶다고 하더군요. 그 꿈을 위해서 메이저급 방송사에 취직하고 싶지만 현재의 스펙으론 불가능하고, 학과 교수님도 포기하라고 조언하셨답니다. 어떻게 하면 좋을까요 하고 물었더니 스님께서 이렇게 답변하셨어요. 학생이 하고 싶은 게 철학을 가지고 세상을 아름답게 바꿀 수 있는 다큐멘터리를 만들고 싶은 것인지 방송국에 들어가는 것인지를 알아야 한다고요. 좋은 다큐를 만들기 위해서는 졸업하고 청소하는 데 가서 1년 근무하고, 또 다른 곳에 가서 일해보고 한 3년 살아보라고 하시더군요. 살아보지도 않은 사람이 그들에게 희망을 줄 수 있는 영상을 어떻게 만들수 있겠냐고요. 그들과 더불어 살아가면서 체험하고 찍는 것이 더 중요하지 좋은 방송국에 들어가야만 할 수 있는 일은 아니라고. 대안학교도 마찬가지예요. 자기가 하고 싶은 것을 제대로 볼 수 있다면 꼭 좋은 대학에 가고 대기업에 취직하지 않아도 그것보다 더 실력을 키울 수 있는 방법을 찾을 수 있다고 생각해요. 간절한 마음만 있다면 말이죠. 그런 시스템이 쉽진 않겠지만 가능하다 봐요. 그래서 저희가 끊임없이 하려는 것이 현장과의 연계예요. 진짜가 된다는 건 돈을 조금 버리면 되겠죠. 우리는 학생들을 엘리트가 되어서 돈을 많이 벌라고 가르치진 않아요. 돈을 적게 벌더라도 진짜가 되라고 알려주는 겁니다.

두 번째는 협동조합 관련해서 공부를 하고 있어요. 일반적으로 우리나라에서 올바른 가치관을 가지고 졸업한 학생이 일할 곳이 많지 않은 것은 사실이에요. 예로 출판사에 가고 싶다면 출판 조합 같은 곳이 많이 생기는 사회 구조가 되면 되죠. 사회적 기업이나 협동조합 구조의 사업체가 많이 생겨서 아이들이 그런 직장에서 자기 뜻을 펼칠 수 있게 만드는 것이 고민이죠. 대학이 아니어도 학습할 수 있는 구조를 만들 필요를 느끼고 고민해요. 더불어 아이들 마음가짐도 중요하죠. 스스로 찾아가는 학습을 하면 좋겠고 대학도 아니고 이것도 저것도 아닌 상태로 열심히 노력하지 않으면 일반 학교와 똑같으니까요.

느티울 행복한 학교 구성과 학제 편성은 어떻게 되어 있나요?

학생들이 있고, 정규 선생님은 여섯 분입니다. 예술 교과는 외부 강사를 초빙하고 지식 교과는 선생님들이 나눠서 가르치고 모르는 것은 함께 배워가며 학습해요. 수영을 배우고 싶은 아이가 있다면 수영장에 가서 강습받게 하고 악기가 배우고 싶은 학생은 그 악기를 다루는 다른 학생이 가르쳐주든가 학원에 보냅니다.

중등과정 3년과 고등과정 2년으로 총 5학년까지 있어요. 각 학년마다 목표와 가르치는 내용을 설명해드릴게요.

학제 편성

과정/학년		목 표	내 용
중등과정	1학년	학교 철학 이해하기	느티울 행복한 학교의 학교 철학을 바르게 이해하고 공동체 생활을 통해 다른 사람들과 나 자신을 스스로 돌보고 사랑할 수 있는 힘을 기른다. 자연 속에서 마음껏 뛰놀며 생태적인 감성과 생활력을 기른다.
	2학년	자연, 예술과 함께 나누기	공동체 생활 속에서 관계의 형성과 배려와 이해를 통해 자기를 성장시킨다. 풍부한 예술 교과를 통해 충분히 자기 자신을 드러내어 이완시킨다.
	3학년	건강한 몸과 마음 갖기	자신의 내면과 세계를 깊이 있게 성찰한다. 노동과 수련활동을 통해 건강한 몸과 마음을 기른다. 중등과정 3년을 마무리하는 논문/작품을 준비한다. – 중등논문
고등과정	4학년	세상과 만나기	관심과 적성에 따라 집중적으로 심화학습하며, 인문학과 자연과학 수업을 통해 생명과 평화에 기초한 바른 지식과 세계관을 넓혀 간다. 해외 공동체 문화를 체험하며 나를 확장시킨다.
	5학년	진로 찾기, 길 찾기	지역의 생산 공동체와 협력하여 본격적인 식의주 연습을 하고, 직업현장 경험을 통해 나의 길을 탐색한다. – 인턴십 지난 5년 과정을 마무리하는 졸업 논문과 작품을 준비하고 세상 속으로 나갈 준비를 한다. – 졸업 논문과 작품 발표

🏫 교과 편성

계열	과목	1학년	2학년	3학년
지식 교과	국어	글쓰기, 말하기와 듣기, 읽기		논문
	문학	여러 문학 작품에 대한 이해와 감상		
	영어	기초 영단어 및 영문법, 생활영어, 동화 읽기		영문법, 영문 독해, 영작
	에스페란토			에스페란토로 소통하기
	수학	다양한 사칙연산	도형, 생활수학	생활수학, 수학사(공통수학)
	과학	우리 땅, 우리 별, 우리 생물(지구과학, 생물 중심)		생활과학(과학사, 생태기술)
	사회	우리문화, 세계문화, 세상읽기, 철학		역사, 세계사, 신문, 철학
	특강	스스로 자기 삶을 즐겁게 사는 사람들과 만남		
예술 교과	음악	합창, 합주, 다양한 음악의 이해		
	영화	카메라를 이용한 자기 시선 배우기		스스로 만드는 예술 프로젝트
	만화	자유로운 그리기를 통한 자기 발견		
	연극놀이	연극을 통한 몸과 마음의 이완		
	미술	자연소재를 활용한 미술 활동		
생활 교과	목공	식의주 생활의 기본기 습득, 생태적 생활력 배양		백과사전 프로젝트
	요리			
	바느질			
	염색			
	생태			
	농사	작물 재배와 일 년 농사의 흐름을 알기		
	살림			가축 기르기와 학교 살림
	여성과 남성	성교육, 여성학		
수련 교과	수벽/명상	기본 동작(입법, 좌법), 호흡법		
	울력	공동 노동		
	수영	수영을 통한 몸 단련하기(선택)		
	몸기르기	태껸 동작을 배워 몸다루기 연습(선택)		
	대동동아리	공동체 놀이		
학년 프로젝트		길잡이와 함께 주제별 프로젝트 수업과 나눔		
백두대간 종주		중등과정: 지리산권 백두대간 종주　고등과정: 백두대간 소백, 태백산권 종주		
가을여행		괴산 알기 걷기 여행, 제주도 걷기 여행		경주 답사 여행, 남도 기행
비귀가주 프로그램		문학기행, 들살이, 산행, 봉사활동		
자치활동		학생회, 동아리 활동, 위원회 활동		

대안학교 교사로 살아가면서 느끼는 보람은 무엇인가요?

학생들에게 졸업 후 이야기를 많이 합니다. 함께 마을 공동체를 만들어가고 삶의 터전을 다져가자고. 그렇게 되려면 기반을 만들어줘야 하는 책임까지 있는 거죠. 그게 지금 학교에 남아서 살아가야 하는 이유기도 한데 그렇게 살려고 하는 것이 보람이에요. 아이들에게 그렇게 가르쳤으니 아이들이 살고 싶다고 할 때 기반을 만들어야 하는 책임이 있고 그것이 제 가치와 맞는 거죠. 스스로 가진 가치에 맞게 가르치고 이야기 나누고 그렇게 살아가려 노력하는 것이 가장 보람된 일이죠. 만약 제가 다른 일을 하고 있다면 지금처럼 가치관을 지키며 살지 못할 거예요. 저로 인해 학생이 변화되었다면 당연히 좋은 일이고요.

※ 인터뷰를 한 이후에 허선웅 님은 학교와 이별하고 목수로 장연면에서 새 삶을 살고 있습니다.